Pater Hugo

Biografie eines Klostermannes

Pater Hugo M. Plein   Michael J. Plein

2024

Bibliografische Information der Deutschen Nationalbibliothek: Die Deutsche Nationalbibliothek verzeichnet diese Publikation in der Deutschen Nationalbibliografie; detaillierte bibliografische Daten sind im Internet über dnb.dnb.de abrufbar.

Verlag: BoD · Books on Demand GmbH, In de Tarpen 42, 22848 Norderstedt
Druck: Libri Plureos GmbH, Friedensallee 273, 22763 Hamburg

ISBN 978-3-75-835768-8

Inhaltsverzeichnis

Vorwort

Im Oktober 2022 kontaktiert Prof. Reinhold Bohlen, Rektor der Abteikirche Himmerod, Michael J. Plein, einen Nachfahren in fünfter Generation der Familie Plein-Wagner aus Speicher.

Bei einem ersten Telefonat erläutert er sein Anliegen. Anlässlich des 100–jährigen Jubiläums der Wiederbegründung Himmerods möchte er mehr über Pater Plein in Erfahrung bringen. Pater Plein, ein Trappistenmönch, war maßgeblich an der Wiederbegründung Himmerods vor 100 Jahren beteiligt.

Der weltliche Name von Pater Plein lautet Jakob Plein, geboren im Jahr 1876 als Spross der Krugbäckerfamilie Plein-Wagner aus Speicher. Mit Eintritt in den Trappistenorden nimmt er den Namen Frater Maria Anastasius an.

Man trifft sich in Himmerod. Prof. Bohlen erkennt das gemeinsame Interesse am Leben des Pater Plein wie auch der Familienhistorie Plein-Wagner. Er schlägt vor, ein Buch zu Ehren des Klostermannes herauszubringen, wie auch die Geschehnisse in jenen bedeutungsvollen Jahren vor 1922 näher zu beleuchten. Plein stimmt dem Vorhaben spontan zu.

Im Gespräch wird deutlich, dass sich Himmerods Wiederbegründung als nicht so einfach gestaltete, wie allgemein üblich dargestellt. Ebenso ist Pater Pleins Biografie ungewöhnlich spannend und erzählenswert und ein wichtiger Beitrag zu

Himmerods Geschichte und der der Südwesteifel, insbesondere des Töpferortes Speicher. Insofern verspricht das Buchprojekt interessant zu werden.

Als Quellen dienen in der Hauptsache Briefe und Schriften von Pater Plein, welche somit den Kontext dieser Arbeit bilden. Seine nahezu 100 Briefe aus über 50 Jahren und ca. 800 handschriftlich eng beschriebenen Manuskriptseiten schlummern im Familienarchiv Plein-Wagner. Diese sind größtenteils unveröffentlicht und wollen entziffert und gelesen werden. Hinzu kommen die vielen Schriften, die in den Jahrhunderten in der Familie erstellt und aufbewahrt werden. Hierzu gehören die Manuskripte von Jakob Plein-Wagner, Vater von Pater Plein, dem »Töpfermeister der Eifel«.

Pater Pleins Briefe und Manuskripte beinhalten einen eher geringen Anteil an biografischen Hinweisen, aber umso mehr Berichte über seine eigene Forschungsarbeit. Als Heimatforscher war ihm daran gelegen, die Verbindung seines Geburtsortes Speicher und der Abtei Himmerod aufzuzeigen. Sein fast schon obsessives Interesse an Himmerod ist auffallend.

Es darf erwähnt werden, dass die Recherche zu dieser Biografie außerordentlich aufwändig war. Pater Plein war nicht der Typ Mensch, der viel über sich persönlich berichten wollte. Ihm war es wichtiger, über die Ergebnisse seiner Heimatforschung und über seine Beobachtungen zu schreiben. Die biografischen *Puzzleteile* werden aus dem umfangreichen Material extrahiert und in dem zeitlichen Kontext zu einem Gesamtbild zusammengefügt. Diese Biografie ist durchweg quellenbasiert. Daher möge der Leser die vielen, den Lesefluss störenden Quellenhinweise entschuldigen.

Das Kapitel 3, »Himmerod«, stammt ausschließlich aus der Feder von Pater Plein. Es ist authentisch belassen, ohne Korrekturen. Da einige Absätze in Eifeler Platt geschrieben sind, findet sich für den Unkundigen eine Übersetzung ins Hochdeutsche im Anhang, Kapitel B.

Die Manuskripte, welche Pater Plein wie auch sein Vater Jakob Plein-Wagner hinterlassen haben, sind umfangreich. Es würde das Format dieses Buches sprengen, sie alle hier zu verarbeiten. So gibt es die Überlegung, das weitere Material zur Heimatgeschichte in einer Folgepublikation näher zu beleuchten.

Daher geht es in dem vorliegenden Buch vorrangig um die Person Pater Plein, seine persönliche Entwicklung von Kindheit an bis in's hohe Alter, sowie seine Motivation, Klostermann zu werden. Da man Pater Plein nicht isoliert von Heimat und Familie beschreiben kann, wird aus seiner Biografie zugleich eine Chronik der Krugbäckerfamilie Plein-Wagner und des Ortes Speicher.

1. Jakob Plein

»[. . .] Heimatfreund wird man erst, wenn man seine Heimat kennen lernen will, d.h. durch Forschung sei es vom geschichtlichen, geographischen, geologischen, kulturellen, oder von irgendeinem Gesichtspunkte aus. Dieses Forschen ist ebenso zeitgemäß wie bildend und daher ideal. In meiner Jugendzeit sagte mir eine Lehrerin von Speicher in's Gesicht: ›Auf dem Tonboden gedeihen keine Ideale.‹

Schon damals ärgerte ich mich nicht wenig über diesen Vorwurf, allein ich konnte ihn nicht widerlegen, weder durch Argumente noch viel weniger durch mein Gehaben in der Jugendzeit. Es lag nicht an mir, wenn meine geistige Ausbildung nach irgend einer Richtung hin sich nicht entfalten konnte. Ich wurde zurückgehalten. Die schönen Jugendjahre habe ich, wo andere Jugendfreunde in weniger günstigen Verhältnissen studieren konnten, wie auch später die meisten meiner Neffen, Jahre hindurch mit der geisttötenden ewigen Siebgermacherei und Stecherei verbracht. Das hat sich dann ja auch gerächt.

> *Nicht, dass ich damit jemand einen Vorwurf ma-*
> *chen will, nein das soll hiermit konstatiert sein.*
> *Wäre es denn nicht viel vernünftiger gewesen, wenn*
> *man mich hätte studieren lassen? Drei Brüder wa-*
> *ren schon im Geschäft, alle viel älter wie ich, mir*
> *entwachsen und ich doch so ganz überflüssig.*
> *Nun, das Lamentieren nützt nichts, es heisst nach-*
> *holen, was man versäumt hat, selbst wenn man erst*
> *im Alter begänne.«* [66]

»Tako Je!«[1] [Pater Hugo Plein]

Sippschaft Erzkaul

Pater Plein wird in eine Familie von Krugbäckern[2] hineinge-
boren. Sein Geburtsort Speicher, in der Südwesteifel gelegen,
blickt wie die gesamte Region auf eine Jahrtausende alte Töp-
fereihistorie zurück. Bereits Kelten wie auch später die Römer
nutzen die reichen Tonvorkommen der Südwesteifel, um keramische Produkte herzustellen. Zahlreiche archäologische Funde bezeugen das.

Der durch mittelalterliche Zünfte[3] geprägte Berufsstand der
Krugbäcker hat sich bis in die Neuzeit erhalten und die Lebensweise bestimmt. Die Speicherer Krügbäcker sind, wie auch
andernorts in Sippschaften organisiert. Eine Sippschaft setzt

---

[1] Serbokroatisch für »So ist es!«
[2] Töpfer
[3] In Speicher ist dies die Eulner Bruderschaft.

sich aus mehreren Familienzweigen zusammen, zwischen denen eine mehr oder weniger starke Verwandtschaft existiert. Kennzeichnend für die Speicherer Sippschaften ist, dass eine räumliche Konzentration auf einen Ortsteil oder *Ecken*[4] besteht, um einen gemeinschaftlichen Krugofen zu teilen. Familien spalten sich aber auch wieder ab und gründen eigene neue Verbünde. In der zweiten Hälfte des 19. Jahrhunderts gibt es innerhalb der Sippschaften kein Gemeinschaftseigentum mehr, sondern Benutzungsrechte oder sonstige Absprachen. Eigentum ist maßgeblich.

Vorwegnehmend sei erwähnt, dass sich die *Sippschaft Erzkaul*[5] zu einem modernen Unternehmen des beginnenden 20. Jahrhunderts entwickelt, der Jakob Plein-Wagner OHG. Hier ist maßgeblich, wie immer wieder Lösungen gefunden werden, um eine Aufsplitterung des Eigentums und Unternehmens durch Vererben zu vermeiden. Der gut dokumentierte Stammbaum [63] der Familie Plein-Wagner (*Sippschaft Erzkaul*) zeigt deutlich, unter welchen Gesetzmäßigkeiten das abläuft. Leitlinie ist das Zusammenhalten der Produktionsmittel und Lebensgrundlagen, um die Familiengeneration zu ernähren. Eine größere Krugbäckerfamilie wie die Familie Plein-Wagner besitzt idealerweise Wohnhaus, Töpferwerkstatt, Land- und Forstwirtschaft mit dazugehörigem Landbesitz und Stallung für Viehwirtschaft. Diese Autarkie ist umso wichtiger, je größer die Familie ist und das Unternehmen wächst. Um dies alles zu

---

[4] Daher die vielen Straßennamen in Speicher, die den Wortbestandteil *ecken* beinhalten.

[5] Erzkaul ist der Flurname des Geländes, auf dem sich die Sippschaft Plein konzentriert hat (Kapellenstraße, Richtung Herforst).

betreiben und zu verwalten, sind viele berufliche Tätigkeiten mit unterschiedlichen Kenntnissen gefragt, Handwerk, Land-, Forst- und Betriebswirtschaft.

Im weiteren Verlauf wird deutlich, dass der Vater von Pater Plein, Jakob Plein-Wagner (★ 1836) als Familien- und späterer Unternehmensgründer all dies in seiner Person vereint und auch leistet. Erst in der Folgegeneration kommt es zu einer Arbeitsteilung, nach der jeder seiner Söhne einen Bereich alleine verantwortet und dafür auch entsprechend ausgebildet ist. Dieses Prinzip der Aufgabenteilung hält sich auch in späteren Generationen und prägt Familienplanung und Kinderwunsch (Anzahl und Geschlecht der Kinder), man beachte: nicht immer im Sinne der Eltern und Kinder.

Es ist aufschlussreich, die Eigentümerlinie innerhalb der *Sippschaft Erzkaul* zu verfolgen, zu der auch Jakob gehört. Grundsätzlich wird versucht, das Eigentum in solche Hände der Folgegeneration zu geben, die gleichen Blutes und zur Weiterführung befähigt sind, die Bereitschaft zeigen, ihre gesamten persönlichen Ressourcen einzubringen und vor allem die nötige Risikobereitschaft besitzen. Wie die Familiengeschichte zeigt, funktioniert das leider nicht immer. Die Gründe: Überforderung, Selbstüberschätzung, Unfähigkeit, Geiz, Gier und persönliche Probleme und Interessen mögen hier wie in vielen anderen Unternehmerfamilien eine Rolle spielen.

Die Konzentration von Eigentum auf Wenige ist gewollt, aber auch oft ungeplanten Ereignissen geschuldet, wie z. B. Kinderlosigkeit, Krankheit oder frühem Versterben. Adoptionen oder Vermächtnisse innerhalb der Familie schaffen kreative Lösungen. Bis heute sind ausschließlich männliche Abkömmlinge Eigentümer. Ein Eigentumsübergang der Unternehmensressourcen auf weibliche Nachkommen hat zu keiner Zeit stattgefunden. Diese sind geldlich abgefunden worden und haben in fremde Familien eingeheiratet, sind in einen Orden eingetreten oder als Aschenbrödel in der Familie geblieben. Erbstreitigkeiten hat es zu jeder Zeit gegeben. Man darf annehmen, dass es nicht immer gerecht zuging.

Um dies für die Familie Plein-Wagner zu verdeutlichen, werden die einzelnen Haushalte, verteilt über die Wohnhäuser und der Wechsel in deren Bewohnerschaft dargestellt. (Zum besseren Verständnis s. Stammbaum auf Seite 35). In zwei Jahrhunderten werden innerhalb des Familienverbundes fünf Wohnhäuser gebaut:

Haus I. Baujahr und Standort unbekannt

Der Krugbäcker *Hubertus Plein* und *Elisabeth Pitschen* heiraten 1774. In welchem Haus die Familie lebt, ist nicht bekannt. Sie haben sechs Kinder. Drei Söhne erlernen das Töpferhandwerk: *Melchior, Johann* und *Niclas.*

Haus II. Baujahr 1809, Neustraße 22

Nach dem Tod der ersten Ehefrau (*Flesch*) erbaut *Melchior Plein* 1809 mit der zweiten Ehefrau (*Weiler*) dieses Haus in der Neustraße und verlässt sein Elternhaus mit den zwei Kindern aus erster Ehe. Eines dieser Kinder ist der 1805 geborene *Johann Plein-Remy*, der Großvater von Pater Plein. Ein weiteres Kind folgt, ein Mädchen, welches später einen *Wingenter* heiratet. In dieser Linie verbleibt das Haus.

Haus III. Baujahr 1826, Dodenburger Straße 167

Niclas Plein-Schommer und *Angela* heiraten 1825. Ein neues Haus wird 1826 gebaut. Die Ehe bleibt kinderlos und im
weiteren Verlauf etabliert sich dort durch Adoption die Familie von *Plein-Wagner*. Weiteres zu diesem Haus folgt anschließend. (heute Merscheider Weg 1-3)

Haus IV. Baujahr 1840, Kapellenstraße 29

Es wird 1840 von *Johann Plein-Remy* und seiner Frau *Anna*
erbaut und bezogen, nachdem der erste Sohn *Jakob Plein -
Wagner*, der Vater von Pater Plein, 1836 geboren wird. Drei
weitere Kinder wachsen hier auf: *Margarethe, Johann* und *Mathias*. Plein-Wagner zieht 1855 nach der Adoption durch *Plein-
Schommer* in das Haus III. zu Großonkel und -tante und gründet später dort seine eigene Familie. Die Tochter (⋆ 1846) heiratet in die Familie Wingenter. *Mathias* verläßt das Haus zu
einem unbekannten Datum und gründet eine eigene Familie.
Zwei seiner Söhne, Adam und Nikolaus, sind die Gründer der
Firma Gebrüder Plein. Später im Jahr 1904 zieht *Adam Plein-
Franzen* mit seiner Familie ein. Dies beurkundet die ergänzen-
de Inschrift im Türsturz.

Haus V. Baujahr 1905, Dodenburger Str. 177

Es wird von Pater Plein erbaut, aber niemals bezogen, weil er
Trappist wird. Kurz nach Fertigstellung und als klar ist, dass

er als Pater Plein nicht mehr nach Speicher zurückkehren wird, bezieht sein Bruder *Johann Plein-Hütting* mit Frau und vier Kindern das Haus. (heute *Merscheider Weg 5*)

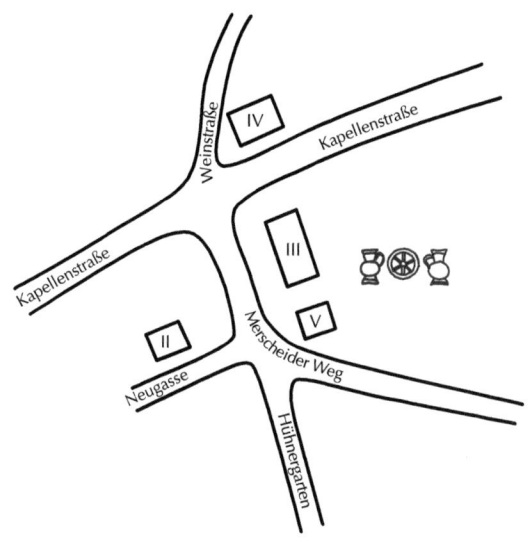

Abbildung 1.1.: Lageplan Häuser Sippschaft Erzkaul

Das Elternhaus Pater Pleins (Haus III.) ist zugleich das Gründerhaus des wachsenden Unternehmens. Es ist leicht zu erkennen an einer Skulptur aus Steinzeug, die einen Löwen darstellt, der über dem Kellerabgang wacht. Diese Skulptur aus dem Jahr 1876 - ebenso das Geburtsjahr von Pater Plein -

ist von Plein-Wagner modelliert. Der Türsturz verrät das Baujahr und wer es gebaut hat. 1826 haben *Niclas Plein* (∗ 1796) und *Angela Schommer* (∗ 1787) das Haus mit nebenliegender Töpferei erbaut. Da die Ehe kinderlos geblieben ist, adoptieren die beiden Plein-Wagner (Vater von Pater Plein). Dieser zieht mit seiner wachsenden Familie dort ein.

Nachdem Pater Plein sich entscheidet, nicht mehr in die Heimat zurückzukehren, sortiert sich die Wohnsituation der Familie Plein-Wagner neu. Es bilden sich neue Familienzweige. Jeder Zweig bewohnt ein eigenes Haus (*Plein-Wilwerding, Plein-Hütting* und *Plein-Franzen*).

Familienmuster [27] vererben sich als *Schicksal*. Ob genetisch, sozialisiert oder durch überlieferte Regeln (z. B. Verträge), sei dahingestellt. Das ausgeprägte Familienmuster der Familie Plein-Wagner ist besser zu verstehen, wenn die allmächtige Vaterfigur, *Jakob Plein-Wagner*, sowie die Entwicklung der Haustöpferei hin zur Fabrikation betrachtet wird. Dem *Töpfermeister der Eifel* ist daher ein ausführliches eigenes Kapitel gewidmet.

Töpfermeister der Eifel

Jakob Plein-Wagner[6], Krugbäcker, Steinzeugfabrikant, Künstler, Heimatforscher und -chronist und Vater von *Jakob Plein* (Pater Plein) ist eine bemerkenswert vielfältig wirkende Persönlichkeit.

---

[6] 1836-1903

»Ueber Jakob Plein, [...], ließe sich in diesem Zusammenhang ein besonderes Kapitel schreiben, denn in ungewöhnlich hohem Grade und mehr als alle anderen Töpfer der Speicherer Gegend war er für die Erforschung der heimatlichen Tonindustrie interessiert. Den Lesern dieses Artikels ist er daher schon lange kein Unbekannter mehr. Immer wieder nannte ich ihn seiner Forschung wegen oder als Gewährsmann. Ich kann davon absehen, ihm hier einen Sonderabschnitt zu widmen, denn ein Jahr, bevor er starb, hat eine Persönlichkeit wie Regierungspräsident zur Nedden dem schlichten Mann im Maiheft der *Rheinlande* (1902) schon ein Denkmal gesetzt durch seinen Artikel: Ein Töpfermeister der Eifel.« [26], p. 16

1836 wird Plein-Wagner in ein Zeitalter geboren, in der die alte Zunftordnung der Eulner Bruderschaft unter den Speicherer Krugbäckern noch ihre Bedeutung hat. In diesem Speicher seiner Zeit bleiben ihm nur wenige Optionen für seinen Berufsweg: Krugbäcker, Landwirt oder Händler. Die Eltern *Johann und Anna Plein-Remy*, Krugbäcker, erbauen im Jahr 1840 ein neues Haus in der Kapellenstraße (Haus IV). Dort wächst er mit seinen drei wesentlich jüngeren Geschwister *Margarethe, Johann* und *Mathias*[7] auf. [64] Plein-Wagner, wie später seine beiden Brüder, erlernt das Töpferhandwerk. Schon als Kind und Jugendlicher ist Plein-Wagner an vielem interessiert und ein guter Schüler. Davon zeugt unter anderem ein Notizbuch,

---

[7] später Gebrüder Plein, Speicher

welches er seit seiner Jugend bis in das Erwachsenenalter führt [71]. Ausführliche Analysen zu diesem Notizbuch finden sich in den Arbeiten von Frau Prof. Dr. Bärbel Kerkhoff-Hader. [22]

Um das Jahr 1855 wird Plein-Wagner als junger Erwachsener von dem Großonkel *Nikolaus Plein-Schommer* adoptiert. Fortan arbeitet er in dem Betrieb seines Großonkels als Geselle. Spätestens mit Familiengründung 1860 und Heirat mit *Katharina Wagner* verlässt er sein Elternhaus und zieht in den Haushalt des kinderlosen Ehepaars *Plein-Schommer* ein. Die beiden Häuser liegen in unmittelbarer Nähe. Sie bilden nach wie vor mit zwei Werkstätten, zwei Öfen und drei Häusern den Wirkungskreis der *Sippschaft Erzkaul*.

In dem Wohnhaus Dodenburger Straße (Haus III) wird nun die Krugbäckerei von Plein-Wagner und seinem Großonkel betrieben. Parallel arbeitet sein Vater *Plein-Remy* gemeinsam mit seinem Halbbruder und dessen Schwiegersohn *Nikolaus Wingenter* in der väterlichen Werkstatt *Melchior Plein* auf der gegenüberliegenden Straßenseite.

Als 1865 der Vater *Plein-Remy* stirbt, sind die drei Geschwister von *Plein-Wagner* noch zu jung, um sich selbst zu versorgen. So kommt wesentlich mehr Verantwortung auf den 30-Jährigen zu. Plein-Wagner wird nun als Töpfer gleichrangig neben seinem Großonkel geführt. [22] Es ist anzunehmen, dass er die betrieblichen Ressourcen seines Vaters in seinen Gemeinschaftsbetrieb integriert. Auch die jüngeren Brüder *Johann* und *Mathias* werden in seiner Werkstatt das Töpferhandwerk erlernen.

Das Jahr 1868 gilt als Wendepunkt für Plein-Wagner. Basierend auf einer vorherigen Entwicklung seines Großonkels, baut

Plein-Wagner eine Fabrik zur Produktion von salzglasierten Dachziegeln auf. [22]

In der Festschrift »100 Jahre Plein-Wagner - Geschichte einer Familie« aus dem Jahr 1968 lesen wir:

> »Vermögen wir uns heute, 1968, ein Leben vor 100 Jahren vorzustellen? In jener Zeit war es ein geradezu kühnes Unterfangen, ein bewußter Ausbruch aus alten Konventionen, als Jacob Plein-Wagner 1868 die Eulner Bruderschaft verließ. Mit diesem Schritt von der familiären handwerklichen Fertigung zum Industriebetrieb begann er zugleich den Neubau einer Dachziegelfabrik. Wenige Jahre später beschäftigte er zwölf Arbeiter. Die Fabrikation der salzglasierten Dachziegel nahm rasch an Umfang zu. 50 Öfen wurden im Jahr gebrannt. Die von Jacob Plein-Wagner fabrizierten Herzziegel aus Steinzeug decken heute noch manches Haus in der Eifel.« [31], p. 19

Auch wenn die Eulner Bruderschaft nach wie vor eine gelebte Konvention im Krugbäckerwesen besitzt, ist sie seit der Französischen Revolution faktisch abgeschafft. Insofern kann niemand Plein-Wagner daran hindern, der Regel - ein Geselle, ein Ofen - »zuwider« zu handeln. Das unternehmerische Risiko, der dazugehörige Mut und das technische Vermögen wiegen ungleich schwerer, als die Eulner Bruderschaft zu »verlassen«. Bei aller Lebensleistung von Plein-Wagner soll man sich bewusst sein, dass die posthume Erhöhung [22] seiner Person auch den Marketingzwecken seiner Nachfolgegenerationen dient.

Die Fabrikation von Dachziegeln ist nicht so erfolgreich wie erhofft. Zwar werden erhebliche Mengen abgesetzt, aber der Wettbewerb ist hart. Hinzu kommt eine schwere Erkrankung von Plein-Wagner. Letztendlich entscheidet er sich, die Produktion von Dachziegeln einzustellen, um nach 15 Jahren wieder zur Krugbäckerei zurückzukehren.

> »Die Ziegelei, die er begonnen hatte, konnte er trotz schöner gediegener glasierter Steinzeugdachziegel in braun & blau nicht aufrecht halten; die Konkurrenz in Lehmdachziegel war zu stark & konnten bedeutend billiger liefern. Er musste wieder zur Töpferei übergehen.« [66]

Wie bereits erwähnt, ist die Ehe Plein-Wagner sehr kinderreich. Nach der ersten Tochter (⋆ 1861) werden in Folge die drei Söhne *Niclas* (⋆ 1862), *Johann* (⋆ 1864) und *Adam* (⋆ 1866) geboren. Der älteste Sohn *Niclas* arbeitet sich in die Land- und Forstwirtschaft ein, *Johann* übernimmt die geschäftlichen Belange und *Adam*, der dritte Sohn, erlernt das Töpferhandwerk. Mit Wiederaufnahme der Krugbäckerei unterstützen die Söhne ihren Vater maßgeblich und wachsen immer mehr in ihre zukünftige Rolle als Unternehmer hinein.

Nicht unerwähnt bleiben soll, dass Plein-Wagner ein begabter Künstler ist. Neben den formschönen Tonwaren, die er töpfert und mit kunstvollen Motiven zu verzieren weiß, erschafft er eindrucksvolle Skulpturen aus Sandstein und Keramik. Ein

Löwenkopf, grob in situ vor 120 Jahren in Kyllsandstein gehauen, dort belassen und verwittert, beeindruckt noch immer
durch seine Ausdruckskraft.

Eine weitere Leidenschaft von Plein-Wagner ist die Erforschung der heimatlichen Historie. Durch die Entdeckung römischer Töpfereien zwischen Speicher und Herforst leistet er
einen wichtigen Beitrag zur provinzialrömischen Erforschung
des Eifeler Raums. Zahlreiche seiner Manuskripte zeugen von
großem Interesse. Mit diesem verschachtelten Satz beschreibt
er sich selber: »*der um die Erforschung und die Geschichte der
hiesigen Alterthümer, namentlich solchen, die auf Keramik in
den verschiedenen Zeitaltern Bezug haben, sich verdient gemachte Thonwarenfabrikat Jak. Plein-Wagner.*« [67]

Plein-Wagner ist Polymath. Er versteht es, sich Wissen aus
unterschiedlichen Bereichen anzueignen und dieses Wissen zu
verknüpfen, um so Neues zu schaffen. Es ist kein Zufall, dass
die zwei meist erfolgreichen Produkte, Milchsatte und *Plewa*-
Rohr, den provinzialrömischen Produkten Reibschüssel und
Hypokaustum assoziativ ähneln.

Die modernen Ressourcen der aufgegebenen Ziegelfabrikati-
on sind für die Krugbäckerei ein wesentlicher Wettbewerbsvor-
teil. Alles für den Haushaltsbedarf und den ländlichen Wirtschaftsbetrieb wird in großer Stückzahl und im industriellen
Rahmen hergestellt. Der Erfolg bleibt nicht aus. Im Wesentlichen ist es aber ein Produkt, welches den Unternehmens-
bestand über Jahrzehnte sichert und wachsen lässt. Es sind
flache Schüsseln aus salzglasiertem Steinzeug, die zur Entrah-
mung von Milch dienen. Die sogenannten Milchsatten sind keine neue Erfindung. Es gibt sie bereits. Plein-Wagner und sein

jüngerer Bruder Mathias optimieren das Produkt hinsichtlich Form, Funktion und Material so, dass ein Kassenschlager entsteht. Im Produktzyklus von immerhin 35 Jahren ist von einer Millionen verkaufter Milchsatten die Rede. Realistisch ist nach Auffassung des Autors eine halbe Million.

Im Jahr 1899 werden beispielsweise 30.000 dieser Milchsatten produziert. Dies sind mehr als 100 Stück pro Tag mit einem Durchmesser von über einem halben Meter. Diese Anzahl benötigt eine Tonne gegrabenen und aufbereiteten Tons. Die Milchsatten müssen in Form gebracht, nachgearbeitet und getrocknet werden. Jede Woche wird ein Ofen auf eine Temperatur von 1.200 °C mit eigens gefälltem Holz befeuert, Produkte werden aus dem Ofen entnommen, sorgsam verpackt und versendet.

Dies ist eine beachtliche Menge für einen aus heutiger Sicht handwerklich geprägten Betrieb. All dies will aufzeigen und verdeutlichen, in welchem familiären und betrieblichen Umfeld Pater Plein aufwächst. Man kann sich gut vorstellen, dass für seine Erziehung nicht allzu viel Zeit übrig ist und es im Alltag recht streng und ruppig zugeht.

Die Thonindustrie oder Töpferei

Nun werden »die alten Thongeister heraufbeschworen [...] zu helfen, sowie über das Alter von Speicher Zeugniss zu geben«, schreibt Plein-Wagner 1893. [70]

In der Nähe der riesigen Tonlager um Herforst, Binsfeld und Speicher gründen die Römer ab Beginn des zweiten Jahrhun-

Abbildung 1.2.: Jakob Plein-Wagner an der Scheibe

derts n. Chr. eine große Töpferkolonie. Ob die Tonlager von den Römern entdeckt werden oder vorherigen keltischen Töpfergenerationen schon bekannt sind, sei dahingestellt. Neben den Töpfereien sind Ziegel- und Kalköfen vorhanden.

Nach den Ausführungen von Plein-Wagner beginnt das Areal der römischen Töpferkolonie hinter Herforst am Binsfelder Tonlager, weiter an Herforst vorbei, vom Speicherer Wald hinunter bis an die Herstwiese, dann an der Schneise in der Zweibach entlang, von der Herstwiese kommend. Dort werden im Jahr 1882 mehrere Töpferöfen freigelegt. Danach weiter der Schneise nach, die von Herforst kommt, durch den Herforster Wald, bis ans Pützchen, auf der Herst, wo ebenfalls 1882 zwei Ziegelöfen freigelegt werden. Eine weitere Stelle liegt im Beilinger Wald (Nierbüsch), unten an der Brücke an der Straße Speicher-Herforst. Hier werden 1891 Tonfelder versteigert und bei deren Ausbeutung viele römische Gefäße gefunden. [70]

Zu dieser Zeit entsteht die *Sammlung Plein-Wagner*. Die römischen wie auch mittelalterlichen Keramiken sind zumeist Funde bei der Bewirtschaftung der Tongruben und Äcker, oder bei Bauarbeiten wie Drainagen, Kellerausschachtung etc. in und um Speicher. Zur Komplettierung der Sammlung werden auch Stücke privaten Sammlern abgekauft. Plein-Wagner war sich stets der historischen Bedeutung dieser Funde bewusst und stand mit dem Direktor des Provinzialmuseums Trier, Dr. Felix Hettner, in engem Kontakt.

»So hat der berühmte Professor Dr. Hettner, Direktor vom Provinzialmuseum in Trier ein Zeitgenosse & Freund von meinem Vater, damals als er mit seinen Ausgrabungen auf der Herrscht begann, schon Wert auf das Urteil meines Vaters gelegt. Dieser als Keramiker & jener als Archäologe ergänzten sich gegenseitig in ihren Feststellungen & dabei hatte mein Vater mit einer solchen Auktorität[8] wohl Gelegenheit sich in der Scherbenarchäologie auszubilden & hat es im Laufe der Zeit darin auch zu etwas gebracht.« [58], p.479

Das von Plein-Wagner beschriebene Areal erstreckt sich über eine Länge von 6 Kilometern. Eine beachtlich große Fläche von über 5 Quadratkilometern (500 Hektar), in der schon damals über 100 römische Töpferöfen mit Werk- und Wohnstätten vermutet werden. Neuere geophysikalische Untersuchungen im Jahr 2015 bestätigen die damalige Annahme zu Ausdehnung und Umfang der Töpfereiaktivität, vermuten sogar mindestens 240 Töpfereien, die im Raum Speicher in römischer Zeit produzierten. [70][68][76][18]

Funde freigelegter Öfen bezeugen, dass die Römer nahezu 300 Jahre in der Speicherer Gegend töpfern. Es entstehen keramische Erzeugnisse mit einer vielfältigen, eleganten Formensprache. Die römische »Speicherer« Gefäßkeramik dient hauptsächlich der Aufbewahrung, Zubereitung und Konsumierung von Lebensmitteln, also Kochgeschirr für den täglichen Gebrauch. Neben der Gefäßkeramik werden benötigte Bauprodukte wie Ziegel oder Wasserleitung hergestellt. [26]

---

[8] ähnlich wie Autorität, aber Herrschaft ausübend, Gehorsam verlangend.

17

Abbildung 1.3.: Sammlung Plein-Wagner: Zur Römerzeit

Die damaligen Ausgrabungen von *Hettner* und *Loeschcke* warten nach wie vor auf ihre wissenschaftliche Aufarbeitung. Der maßgebliche Forschungsstand provinzialrömischer Töpferei in der Südwesteifel ist immer noch der von Siegfried Loeschcke von 1922. [24][63]

Dem interessierten Leser sei der Katalog *Sammlung Plein-Wagner: Führer durch das Töpfereimuseum der Familie Plein in Speicher* [63] empfohlen. Dr. Bernd Bienert beschreibt in diesem bebilderten Katalog den römischen Teil der Sammlung.

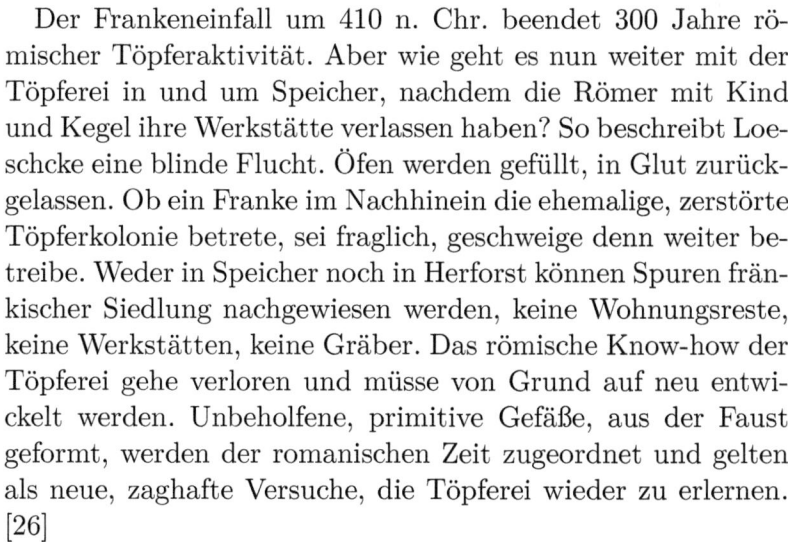

Der Frankeneinfall um 410 n. Chr. beendet 300 Jahre römischer Töpferaktivität. Aber wie geht es nun weiter mit der Töpferei in und um Speicher, nachdem die Römer mit Kind und Kegel ihre Werkstätte verlassen haben? So beschreibt Loeschcke eine blinde Flucht. Öfen werden gefüllt, in Glut zurückgelassen. Ob ein Franke im Nachhinein die ehemalige, zerstörte Töpferkolonie betrete, sei fraglich, geschweige denn weiter betreibe. Weder in Speicher noch in Herforst können Spuren fränkischer Siedlung nachgewiesen werden, keine Wohnungsreste, keine Werkstätten, keine Gräber. Das römische Know-how der Töpferei gehe verloren und müsse von Grund auf neu entwickelt werden. Unbeholfene, primitive Gefäße, aus der Faust geformt, werden der romanischen Zeit zugeordnet und gelten als neue, zaghafte Versuche, die Töpferei wieder zu erlernen. [26]

Viele der alten Sippennamen stammen aus fränkischer Zeit. Funde im Speicherer Oberdorf (ehemals Hotel Römerkrug)

19

wollen belegen, dass auch im Frühmittelalter die Krugbäckerei betrieben wurde. Wolfgang Czysz stellt in seinem lesenswerten Beitrag über *Die Römischen Töpferscheiben von Speicher* die »Frage nach der Kontinuität einzelner Plätze ins frühe Mittelalter; zwar hatte sie Loeschcke seinerzeit verneint, die Fragestellung gehört aber zu den vielen wissenschaftlichen Problemen, die Speicher zu einer außergewöhnlich interessanten und vielversprechenden Forschungslandschaft machen.« [40][9]

Straßennamen und Flurbezeichnungen von Speicher lassen vermuten, wie sich die Ansiedlung über die Jahrhunderte vollzogen haben muss. Der Ort besteht aus vielen *Ecken.* Maarecken, Greenecken, Strungsecken, Heeneresecken, Kreuzecken, usw. Diese Ansammlung von *Ecken* ist charakteristisch für Speicher und findet sich kaum in anderen umliegenden Ortschaften. Einige dieser Ecken sind heute nicht mehr geläufig, da Straßennamen geändert oder Straßen verlegt wurden.

Ecken entstehen dort, wo sich eine Sippe, bestehend aus einer Anzahl untereinander verwandter Familien, einen gemeinsamen Krugofen teilen. Es ist zu beobachten, dass sich die Ecken an den Kreuzungen der alten Wege bilden. Dies wird bereits in Kapitel 1. für die Sippschaft Plein, der Pater Plein entstammt, näher erläutert.

> »Wir Söhne der Eifel sind Franken und haben die verweichlichten Römer weit über die Grenzen der Langmauer hinaus vertrieben. Vieles von der hohen Kultur der Römer haben wir uns für das Frankentum gerettet. Wo z.B. wie im Speicherer Walde die römischen Meister an der Scheibe sassen, grif-

fen unsere fränkischen Vorfahren in die Speichen
des Schwungrades und drehten nach alten Mustern
weiter bis in die Tage zur Töpferei unserer Tage.
[...]«

So jedenfalls steht es im *Führer durch den Luftkurort Speicher und Umgebung* [12] aus dem Jahr 1910 geschrieben.

Abbildung 1.4.: Sammlung Plein-Wagner: Mittelalter - Frän-
kische Zeit

Ab dem 13. Jahrhundert gilt die Wiederaufnahme der Töpferei in Speicher als gesichert. Dies belegen Scherben- und Ge-

fäßfunde in alten Tongruben wie auch bei Bauarbeiten frei-
gelegte mittelalterliche Töpferöfen. Loeschcke schreibt: »Die
Blüte der altdeutschen Töpferei in Speicher fällt aber erst in
die folgende Zeit, ins 14. und 15. Jahrhundert.« [26]

Von der archäologischen Forschung kaum beachtet, entsteht
in Speicher und den umliegenden Ortschaften neben den bekannten Zentren Rheinischen Steinzeugs wie Raeren, Frechen
und Mayen eine lebendige Steinzeugproduktion. Trotz gegen-
seitiger Zuwanderung entwickeln sich charakteristische Besonderheiten der Speicherer Ware in Form und Material.

Die Formensprache ist typisch für mittelalterliche Keramik:
der spitze, scharfkantige Lippenrand, breite, griffige Henkel,
vor allem die spiralförmigen Drehrillen und der ausladende
Wellenfuß. Die Wandung ist außerordentlich dünn gezogen.
Dies bei großwandigen Gefäßen in einem spiralförmigen Zug zu
erreichen, zeugt von der außerordentlichen Fertigkeit der mittelalterlichen Töpfer. Die Brenntechnik wird weiterentwickelt,
so dass Temperaturen oberhalb der 1.200 °C erreicht werden
können. Erst so entsteht Steinzeug mit hell klingendem, dich-
tem Scherben. Dies ist vor allem dem hervorragenden, natür-
lichen Steinzeugton aus Speicher und Umgebung geschuldet.
Mit zufälligen Anflugglasuren erkannten die Krugbäcker das
Potential und entdeckten für sich die Salzglasur.

Die Speicherer Ware setzt sich durch eine angenehme Schlichtheit von der anderer Steinzeugzentren ab. Diese Schlichtheit
setzt sich auch die folgenden Jahrhunderte bis in die Neuzeit
fort. So ist die Ware im Westerwald ab Mitte des 16. Jahrhunderts mit aufwändigen, markanten Reliefauflagen verziert.
Nicht so die Speicherer Ware. Mit der Zuwanderung von Krug-

bäckern, insbesondere aus dem Westerwald und anderen Töpfergegenden, werden zwar diese Stilelemente importiert, können sich aber nicht durchsetzen. Die Töpfer der Südwesteifel bleiben bei ihrem Grundsatz der Schlichtheit.

Im heutigen 21. Jahrhundert sind die Krugbäcker der Südwesteifel verschwunden. Alle Versuche, zumindest die Erinnerung an die Speicherer Töpferei wach zu halten oder zugunsten einer touristischen Aufwertung, verlaufen schnell im Sand.

Speicher

Das Bitburger Land, zu dem auch Speicher gehört, ist von den geopolitischen Ereignissen der Jahrhunderte nicht verschont geblieben.

Vor den Napoleonischen Kriegen[9], zur Zeit des *Heiligen Römischen Reiches Deutscher Nationen*, gehört Speicher politisch zum Großherzogtum Luxemburg - Österr. Niederlande. Neben einigen Ortschaften, die im heutigen Kreis Wittlich liegen, untersteht Speicher der Herrschaft Bruch. Das Patronatsrecht aber, mit Anspruch auf 2/3 des Zehnten, liegt beim Domdechanten zu Trier. Diese »vielfältig zergliederten und verworrenen Besitz- und Rechtsverhältnisse führten, genau wie in anderen Gegenden des Reiches, zu häufigen, erbitterten Streitigkeiten.« [15] [76]

Die Franzosen erobern 1794 in weiten Teilen das linksrheinische Gebiet. Von da ab ist Speicher unter französischer Ver-

---

[9] 1792 - 1814

waltung und gehört zum Wälderdepartement.[10] Dieses wird in
vier weitere Arrondissements unterteilt. Speicher gehört zum
Arrondissement Bitburg, Kanton Dudeldorf, und bildet gemeinsam mit Speichermühle, Leymühle, Hof Bermeshausen,
Beilingen und Herforst eine Bürgermeisterei.

Eine erhebliche Änderung der politischen und kirchlichen
Angelegenheiten bringen die Säkularisation und Mediatisie-
rung. Sämtlicher kirchlicher Besitz wird enteignet, neu verteilt
und klösterlicher Besitz versteigert. So auch Kloster Himmerod, von dem in diesem Buch oft die Rede sein wird. »Kirche
und Kloster wurden am 24. Juni 1803 in Trier öffentlich auf
Abriss versteigert.« [5]

Auch wenn die französische Hegemonie unerwünscht ist, profitieren die Krugbäcker der Südwesteifel erheblich. Die ab-
geschnittene rechtsrheinische Konkurrenz und bester Zugang
über Metz zu französischen Absatzgebieten ermöglichen Speicher eine vorteilhafte Auftragslage.

Mit dem Wiener Kongress im Jahr 1815 ist das *Heilige Römische Reich Deutscher Nationen* endgültig Geschichte.

Das Bitburger Land, und somit Speicher, wird der Preußischen Rheinprovinz zugeordnet. Dies hat wiederum Auswir-
kung auf die Eifeler Krugbäcker, da nun der Absatz nach
Frankreich fehlt und Speicher mit den Westerwälder Krugbäckern konkurrieren muss. Im Laufe des 19. Jahrhunderts, nach
dem Deutsch-Französischen Krieg 1870/71, stabilisiert sich die
Lage. Vertriebswege und ein neuer Markt auf der rechtsrheini-
schen Seite können gewonnen werden. Insbesondere Unterneh-

---

[10] Département des Forêts.

mer, die sich modernen Produktionsmethoden nicht verschlie-
ßen, profitieren von der Zeitenwende. Mit der Französischen
Revolution aber haben die Menschen Freiheiten und Rechte
hinzugewonnen und die Restriktionen der Zünfte und das adlige und kirchliche Joch zum Teil hinter sich gelassen.

Speicher im auslaufenden 19. Jahrhundert - der Zeit Pater
Pleins Erwachsenwerdens - ist ein wirtschaftlich prosperieren-
der Ort. Die Gemarkung ist 1.538 Hektar groß und besteht
fast zur Hälfte aus Wald. Die Einwohnerzahl beträgt knapp
2.200 Einwohner, größtenteils Kaufleute und Handwerker mit
ihren Familien. Die Land- und Forstwirtschaft ist ein wichtiger begleitender Faktor, hat aber nicht die Bedeutung wie das
kaufmännische und produzierende Gewerbe. [4][12]

Es finden sich alle Geschäfte für den täglichen Bedarf: eine Apotheke, medizinische Versorgung, 14 Gaststätten und
Hotels, mehrere Brot- und Feinbäckereien, Rauchwaren, eine
Weinhandlung, Drogerie, Kurz- und Wollwaren, Bekleidung,
eine Poststation, Fahrbetrieb, die Eisenbahn usw. Die heutige
Stadt Speicher des 21. Jahrhunderts verfügt bei Weitem nicht
über diese Vielfalt der Infrastruktur.

Das Foto auf Seite 26 zeigt das Ortsbild von Speicher zur damaligen Zeit. Der allgegenwärtige Kirchturm besagt, dass die
Fotografie nach dem Neubau der Kirche im Jahr 1895 entstan-
den ist. Standort des Fotoapparats ist kurz vor der Kreuzung
Kapellenstraße/Merscheider Weg. Links im Bild ist die Kante
eines Holzstapels zu sehen. Dieser dient der Keramikprodukti-
on Jakob Plein-Wagner OHG zur Befeuerung der Steinzeugö-
fen. Auf der gegenüberliegenden Seite des Merscheider Weges
steht die Töpferei *Wingenter*, die in den 50er-Jahren abgeris-

Abbildung 1.5.: Speicher, Ecke Kapellenstraße/Merscheider
Weg, um 1900

sen wird. Heute ist dort ein Parkplatz.

Eine wichtige Branche des herstellenden Gewerbes ist die keramische Fabrikation, Porzellan, Irdenware bis hin zu salzglasiertem Steinzeug. Handelsbeziehungen bestehen in Deutschland sowie zu dem nahen Ausland Luxemburg, Belgien und Frankreich. Eine Vielzahl fahrender Händler verkaufen Töpferwaren und Haushaltsartikel über Land. (s. Bild auf Seite 28)

Ab der zweiten Hälfte des 19. Jahrhunderts wird zunehmend Ton exportiert. Der um Speicher geförderte Ton ist ein feinkörniger, natürlicher Steinzeugton mit breitem Sinterintervall[11] und erfüllt die Anforderung ohne Beimengungen anderer Komponenten. Deshalb ist der Speicherer Ton andernorts gefragt. Mit dem Bau der Eisenbahnstrecke Trier-Köln nimmt der Export erheblich zu. Werden im Jahr 1863 2.500 Tonnen Ton exportiert, wächst die Menge bis 1910 auf 43.500 Tonnen an. Gleichzeitig verringert sich der Eigenverbrauch der Speicherer Krugbäckereien von 3.900 auf 100 Tonnen. [62]

Einen weiteren Wirtschaftszweig, wenn auch auslaufend, bedienen die Steinmetze. In zahlreichen Steinbrüchen wird roter Sandstein gehauen und von Steinmetzen unter anderem als Schleifsteine mit einem Durchmesser von 2,50 Meter für die Messerschleifereien von Solingen und Remscheid verarbeitet. Auch für den Gebäudesektor wird Sandstein behauen. Beim Neubau der Speicherer Pfarrkirche 1895/96 ist sämtliches Hauwerk ausschließlich von Speicherer Steinmetzen hergerichtet. [53]

---

[11] Das ist der Temperaturbereich, in dem der Scherben dicht brennt, ohne zusammenzuschmelzen.

Abbildung 1.6.: Speicherer Hausierer mit geladener Reertz

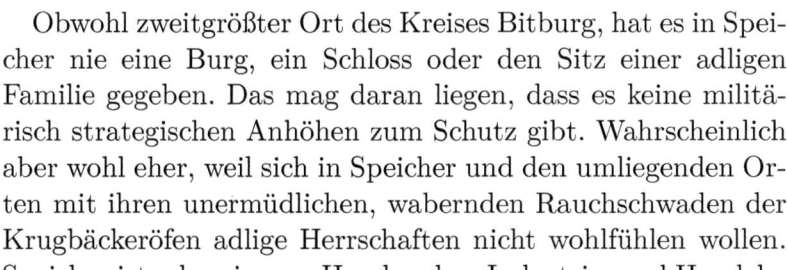

Obwohl zweitgrößter Ort des Kreises Bitburg, hat es in Speicher nie eine Burg, ein Schloss oder den Sitz einer adligen Familie gegeben. Das mag daran liegen, dass es keine militärisch strategischen Anhöhen zum Schutz gibt. Wahrscheinlich aber wohl eher, weil sich in Speicher und den umliegenden Orten mit ihren unermüdlichen, wabernden Rauchschwaden der Krugbäckeröfen adlige Herrschaften nicht wohlfühlen wollen. Speicher ist schon immer Handwerks-, Industrie- und Handelsstandort gewesen.

Nachfolgend ein Knittelvers, *Der Brand eines Steinzeugofen* von Jakob Plein-Wagner [69]:

Der Brand eines Steinzeugofen

Es entquillt ein Qualm von Rauch
aus der Gluth des Ofens-bauch
Vermummte Männer wandeln still
um des Ofens engen Raum
durch den Rauch man sieht sie kaum
Unter dem Feuerschlunde heiss
gebadet ist in Schweiss
der Heizer gibt dem Schlunde Nahrung
heisser wird's mit jeder Stunde
Die Gluth bis zum Schmelzen steigt
und der Höhepunkt ist erreicht,
hurtig durch die Lucken
zischend Feuersäulen zucken

die schwarzem Männer mit Gewalt
bringen sie den Salzgehalt
In den Glutschacht rasch hinein
daß die Ware wird zu Stein
das Natron sich sofort verbindet
das Chlor in die Luft verschwindet
der Brand geht jetzt zu Ende
die Zugluft stets abwende
Ist gelungen dann der Brand
Wird nur geleert der Ofenschacht
die Ware kommt nun zum Versandt
durchs ganze Land.

Somit ist Speicher an geschichtlichen Merkwürdigkeiten recht arm, lediglich unzählige Scherbenhaufen und deren Öfen erzählen ihre Geschichten. Eine der wenigen Besonderheiten ist ein außergewöhnlich hoher Kirchturm in alter Zeit. Dieser Turm soll 100 bis 120 Meter[12] hoch gewesen sein und ist für einen bekannten Vers über Speicher verantwortlich: [67]

Spejcher, Spejcher hijen Tuar,
viel Leit un winnisch Kuar,
viel Kréch un winnisch Wejn,
Da Däwel well zu Spejcher sejn[13]

Wenn man heute, von Röhl kommend, auf Speicher zufährt, taucht am Horizont als Erstes der Speicherer Kirchturm auf.

---

[12] Zum Vergleich hat der Kölner Dom eine Höhe von 160 Metern und der heutige Speicherer Kirchturm von 70 Metern.
[13] Übersetzung ins Hochdeutsche im Anhang, Kapitel B.

Kaum vorstellbar, wenn dieser, weitere 30 Meter höher, wie ein Spargel über der Speicherer Silhouette aufragen würde.

Es ist anzunehmen, dass Speicher über die Jahrhunderte vier Kirchenbauten hatte, immer an selber Stelle, sodass die alten den neuen weichen müssen. Der erwähnte Kirchenbau mit dem hohen Turm wird nicht der Erste gewesen sein, da dem fränkischen Baustil eher ein gedrungener, kurzer Turm zu eigen ist. Vielleicht wollten die Speicherer nur hoch hinaus und bauten den Turm zu hoch, ohne Erfahrung bei solcher Bauhöhe. Der Turm aus alter Zeit soll instabil sein und wird unter großem Aufwand vor dem Bau der vorletzten Kirche im Jahr 1774 abgerissen. [53]

Beim Bau der heutigen neugotischen Kirche im Jahr 1895 wird bei Fundamentarbeiten um den alten Hochaltar ein römisches Monument mit Totensarg und Inschrift entdeckt. Übersetzt lautet die Inschrift: »Die Erben setzen dem Lucius Ansatius und seiner Gemahlin Secundia Karata dieses Denkmal und für sich.« Daraus kann man schließen, dass vor der ersten Kirche ein römischer Bau auf dieser Stelle gestanden hat. [68][26]

Eine weitere erwähnenswerte Besonderheit ist sicherlich die Kreuzkapelle von Speicher. Sie liegt linker Hand, wenn man den Ort Richtung Herforst verlässt. Augenscheinlich steht die Kapelle auf einem Hügel, was bei Betrachtung des umliegenden relativ flachen Geländes merkwürdig erscheint.

Die Kreuzkapelle ist eine Kreuzerhöhungskapelle, daher auch der Name. In der Regel wird in solchen Kapellen eine Reliquie des Kreuzes Jesu verehrt, wie auch in dieser Kapelle. »So mag man der grossen Kreuzpartikel in Himmerod ein Splitterchen entnommen & mit einem Reliquienbehälter der Kreuzkapelle bei Speicher dediciert haben.« [58]

Die Quellenlage um die Speicherer Kreuzkapelle ist vielfältig und widersprüchlich. Mit Gründungsurkunde aus dem Jahr 1698 wird die strohgedeckte Kapelle erbaut, allerdings um einiges näher dem Ort als heute. 1777 wird sie abgerissen und dort, wo sie heute steht, neu erbaut. Merkwürdig ist, dass die hierzu erforderlichen Steine »einem ziemlich entfernten Bruche *Mungelter* entnommen und zwar nicht zur Baustelle gefahren, sondern getragen« wurden. Initiatoren der Gründung sind nicht, wie ursprünglich angenommen, die Eulner Bruderschaft, sondern private Familien aus Speicher und Umgebung.

Der Reliquienschrein mit Kreuzpartikel befindet sich schon lange nicht mehr in der Kreuzkapelle. Der damalige Pastor Schien soll, als er 1794 versetzt wurde, die Partikel mitgenommen haben. Sämtliche späteren Versuche, insbesondere von Pastor München, diesen zurückzuführen, sind gescheitert.

Auch die Turmglocke ist abhandengekommen. Zum Schutz während der Französischen Revolution wird die Glocke ausgebaut und in einem nahen Feld vergraben und versteckt. Man erzählt, dass ein Mann aus Beilingen diese findet und dorthin mitnimmt. »In Speicher wird allgemein behauptet, daß die Beilinger Glocke hierher [nach Speicher] gehöre.«

Ohne Kreuzpartikel und Glocke verliert die Kreuzkapelle nach und nach an Bedeutung. Es werden dort keine Gottesdienste mehr abgehalten. Nicht einmal im *Führer durch den Luftkurort Speicher und Umgebung* von 1910 wird die Kreuzkapelle erwähnt. So ist es dann aber doch der Eifelverein, der 1911 sich der Kreuzkapelle wieder annimmt.

Die Flur, auf der die Kapelle steht, birgt »den besten Ton der Speicher Gemarkung. [...] Fabriken & Thonlieferanten haben soviel Geld dafür geboten, dass man damit mehrere Kapellen anderswo bauen könnte.« 1912 versteigert die Kirchengemeinde als Eigentümerin der Kreuzkapelle und Gemarkung den Tonabbau »am Kapellenweg«. Bedingung ist, dass die Kreuzkapelle keinen Schaden nimmt. So wird der Ton um die Kapelle herum abgegraben, so dass diese heute auf einem Hügel steht.

Die Kenntnis der Art und Weise, wie im Mittelalter Ton gegraben wird, lässt vermuten, wie das Gelände um die Kreuzkapelle früher beschaffen sein mag. In alter Zeit wird nicht, wie später üblich, der Ton im Tagebau gefördert und Schicht um Schicht abgetragen, sondern der Töpfer gräbt ein Loch und entnimmt, was er benötigt. Liefert die Grube nicht mehr den Ton in gewünschter Menge und Beschaffenheit, wird daneben eine neue Grube aufgemacht. Die alten Löcher werden nicht verfüllt, so dass sie mit Wasser vollgelaufen sind, leicht überwachsen in Hunderten von Jahren das Gelände einem Schweizer Käse gleichen lassen. Es entsteht ein so genannter »Töpfers-Acker« oder »Potter's Field«, ein wertloses, durchlöchertes Grundstück, Gefahr für Mensch und Tier.

Andere interessante Begebenheiten, Personen und Bauwerke in und um Speicher sind die Eulner Bruderschaft, der legendäre Pastor München sowie die Langmauer. Dies alles wird in anderen Schriften ausführlich beschrieben. [78][23]

Zusammenfassend stellt sich das Umfeld, in dem Pater Plein seine Kindheit erlebt, wie folgt dar: Neben der bäuerlich geprägten Südwesteifel existiert in Speicher und den umliegenden Orten der handwerkliche Stand der Krugbäcker. Der Heimatort Speicher ist streng katholisch und nach wie vor durch tradiertes Zunftdenken der Töpfer geprägt. Die tradierten Strukturen und Lebensformen beginnen sich im auslaufenden 19. Jahrhundert langsam aufzulösen und moderne Formen anzunehmen. Aus den handwerklichen Sippschaften entstehen Industriebetriebe. In der Bevölkerung bildet sich eine bürgerliche, gebildete Mittelschicht aus, zu der sich auch die Familie Plein-Wagner zählt. [63]

Familie Plein-Wagner

Pater Plein wird im Jahr 1876 als achtes von insgesamt neun Kindern geboren. Eine weitere Schwester folgt zwei Jahre später: *Angela, Nikolaus, Johann, Adam, Margaretha, Elisabeth, Apolonia, Jakob* und *Maria*. Hinzu kommen noch sieben weitere Geschwister, die kurz nach der Geburt sterben. Die Mutter *Katharina Plein-Wagner* (⋆ 1837) bringt im Alter von 25 bis 49 Jahren 16 Kinder zur Welt. Auch schon zur damaligen Zeit ist das eine extrem hohe Anzahl an Geburten – der Durchschnitt liegt bei unter fünf.

Einige Jahre vor seinem Tod schreibt Pater Plein an seine Schwägerin Anna:

> »58 Jahre sind es her, als Du in mein Elternhaus hinein & meinen Bruder Nikolaus heiratetest

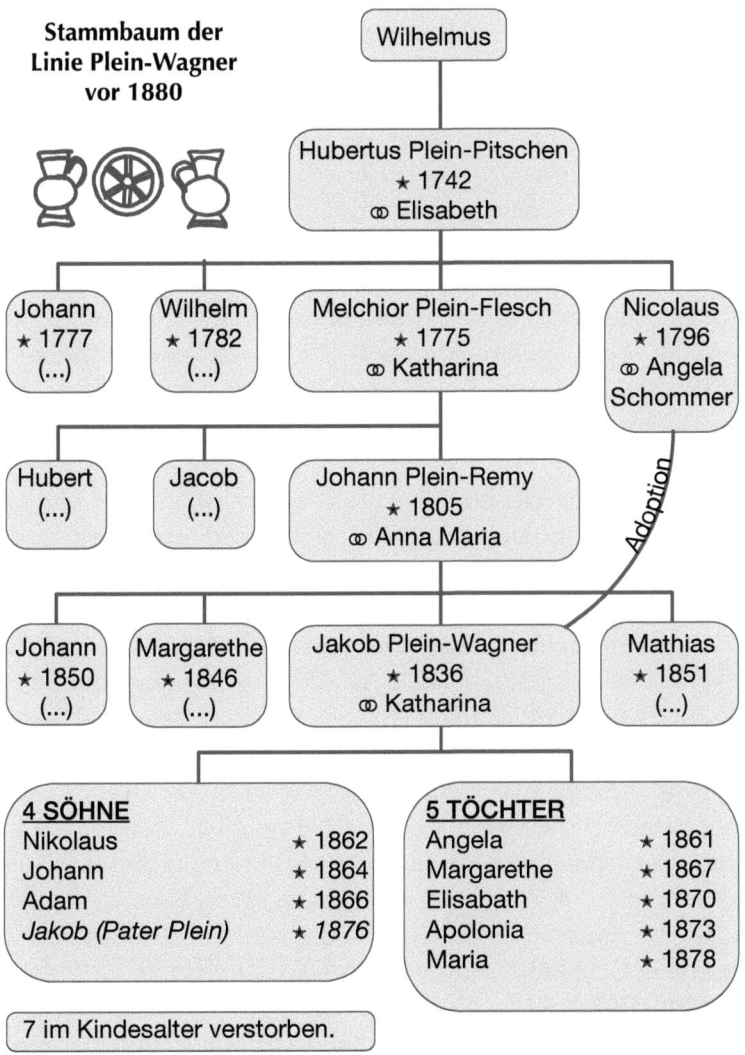

Abbildung 1.7.: Stammbaum, Linie Plein-Wagner vor 1880

& Schwägerin wurdest von 16 Geschwistern im Elternhaus geboren. 7 Erwachsene findest Du im El-
ternhause vor 2 andere noch lebenede waren im
Kloster, die anderen waren im Kindesalter von 4
Jahren abwärts gestorben - Sie sind Heilige - &
mit Dir verschwägert wie die Lebenden waren.
  Wer denkt an diese Heiligen?«[50]

Es gab und gibt immer Familien mit hoher Kinderzahl, was
aber eher die Ausnahme darstellt. Hier entscheiden »individu-
elle Vorstellungen und Lebensverhältnisse«. [11] Diese werden
im weiteren Verlauf für die Familie Plein-Wagner noch ver-
deutlicht.

Diese Art der Großfamilie funktioniert allerdings nur mit
generationsübergreifender, geschlechter- und altersspezifischer
Aufgabenverteilung und der räumlichen Einheit von Wohn-,
Lebens- und Arbeitsformen. Unbestritten leisten alleine Frau-
en den Zusammenhalt einer solchen Familienstruktur und sind
zusätzlich in die gewerblichen Arbeitsprozesse eingebunden.

Pater Plein hat dies in einem seiner späten Briefe [47] schön
auf den Punkt gebracht: Er spricht von »Tanten und Schür-
zen«. Mit »Tante« ist nicht die Schwester eines Elternteils gemeint, sondern die angeheiratete Ehefrau eines männlichen Fa-
milienmitglieds. Eigene weibliche Nachkommen heiraten und
übernehmen dort ihre Rolle oder gehen in ein Kloster. »Schürze« ist für ihn eine Metapher für die Rolle in der Organisati-
onseinheit Großfamilie. Er unterscheidet nochmals in Mutter-
und Tantenschürze.

In der Zeit, als Pater Plein aufwächst, beherbergt das Haus

bis zu 15 Personen: Großonkel und -tante, Eltern, 9 Kinder, Knecht und ein Waisenkind. Die erste »Tante« in Pater Pleins Erzählung ist *Angela Schommer* (⋆ 1787) aus Heidweiler, die Frau von Onkel *Niclas*. Sie war vor ihrer Heirat Köchin und Haushälterin im Herrenhaus des legendären Pastors München von Speicher. In dieser Stellung hatte sie das Bewirten gelernt. Vor Jakobs Zeit ist zur Kirmes und zu anderen Gelegenheiten das Haus voller Gäste. Sie kommen aus Wittlich, Daun, Heidweiler, Groß- & Minderlittgen, Oberkeil und anderswo. Zum Ende des Tages bekommt jeder noch etwas in eine Serviette eingewickelt. »So hatte schon bei der ersten Tante ihre Schürze etwas Anziehendes an sich & so blieb es in Folge«

> »Es kam zunächst meine Mutter, auch als Tante aber die Schürze war zugleich Mutterschürze & [. . .] & welche Zahl! In der Zeit als die Kinder heranwuchsen, bestanden gerade zu ärmliche Verhältnisse. Die Mutter sorgte immer für eine hinreichend kräftige Mittagskost, im übrigen war es nicht so. Von der Mittagskost wurde gar oft etwas vorweg genommen, das eine meiner Schwestern zu irgend einem vergessenen Armen oder [. . .] kranken Personen brachte.« [47]

Gewappnet mit dem Wissen um Land, Familie und Leute können wir uns auf die Reise seiner Biografie begeben.

Eifelkind Jakob

Über die Kindheit von Pater Plein bis zum Eintritt in den Trappistenorden ist nicht viel bekannt. Folgend ein Nachruf von M.J. Mehs aus dem Jahr 1962, der recht gut den allgemein bekannten Wissenstand über Pater Plein zusammenfasst. Es war der Wille von Pater Plein, dass mit seinem Tod nur Weniges durch seine Familie veröffentlicht wird.

> »[...] Jakob Plein [Pater Plein], dies ist sein bürgerlicher Name, wurde am 8. Mai 1876 in Speicher geboren, ein Sproß der bekannten Familie Plein-Wagner. Nach den ersten Jahren im Elternhaus verbrachte er seine Studienzeit in Karlsberg in Belgien und in Calw in Württemberg. Für ihn als hochgewachsenen jungen Mann kam für die einjährig-freiwillige Militärdienstzeit nur die Garde in Frage, die er als strammer Unteroffizier verließ. Und nun, an sich eine glänzende irdische Laufbahn vor Augen, faßte er 1905 den Entschluss, der Welt Ade zu sagen und in den Trappistenorden einzutreten. [...]« [28]

Die »ersten Jahre im Elternhaus« wächst der junge Jakob inmitten der Großfamilie und der Produktionsstätte auf, sicherlich ein Abenteuerspielplatz für ihn. Obwohl zu dieser Zeit viele Personen im Elternhaus und in den angrenzenden verwandten Haushalten leben, sind neben den Eltern nur wenige nahe Bezugspersonen erkennbar. Die Generation der Großel-

tern ist verstorben, die drei Brüder - im jungen Erwachsenenalter - werden sich kaum für den jungen Jakob interessiert
haben. Die älteste Schwester *Angela* nimmt der Mutter viele
Aufgaben im Haushalt ab, wie auch die Betreuung der jüngs-
ten Kinder. Pater Plein erwähnt sie in den späteren Schriften
nie, die anderen Geschwister schon; eine vertraute, liebevolle
Geschwisterbeziehung oder Übernahme einer Mutterrolle wird
das nicht gewesen sein. Auch mit seiner zwei Jahre jüngeren
Schwester *Marie* weiß er wenig anzufangen. Die Geschwister
seines Vaters bauen als Tante und Onkel auch kein inniges
Verhältnis zu Jakob auf. Lediglich der Stiefbruder seiner Mutter, Onkel Klotz, übernimmt gerne die Rolle des Mentors. Dies
wird daran erkennbar, dass Jakob seinen Onkel Klotz während
seiner Lebenskrise in Potsdam auf- und um Rat sucht.

So bleiben noch die drei Schwestern, die er *Greth, Lies* und
Polin nennt. Diese vier haben wohl eine eingeschworene Gemeinschaft in der unübersichtlichen Struktur der Großfamilie
gebildet und geben sich gegenseitig Halt.

Ohne Wenn und Aber müssen alle Familienmitglieder, auch
heranwachsende Kinder und Jugendliche, hart im Betrieb mit-
arbeiten. Jakob beschwert sich in vielen seiner späteren Briefe
und Schriften, dass seine »schöne Jugendzeit in geisttötender
Beschäftigung verplempert wurde«.

Frauen (jung wie alt) sind in der Töpferei - neben der Haus-
arbeit - für das »Reed machen«[14] verantwortlich. Zum »Reed
machen« gehört das Henkeln und Verzieren der Ware. Kunst-
fertiges Können ist gefragt. Entweder werden die Umrisse der

---

[14] fertig machen

Verzierungen vorgeritzt und dann ausgemalt oder direkt »Freihand« mit dem Pinsel aufgetragen. Das Auftragen mit dem Pinsel von *Smalte* (Kobaltglasschlämme) wird »Blääden«[15] genannt.

>> »Erreichen die Originale nach langjähriger Übung
> eine vollendete Schönheit, dann war dieses Frei-
> handbemalen eben eine wahre Kunst. [...] Meine
> Schwestern Greth, Lies & Polin aber waren Künst-
> lerinnen im Freihandblääden ohne Vorritzen. Als
> einmal ein Anstreicher von Speicher meiner Schwes-
> ter beim Blääden zuschaute konnte er sich nicht
> genug wundern wie das fix ging, das sei aber nur
> Übung das flotte, aber solche Blumen könnte er
> auch malen. Meine Schwester nahm ihn sofort beim
> Wort: 'Hä hoost D den Quaast unn daan probärst
> D'. Er nahm Krug und Quast strengte sich mäch-
> tig an. Erfolg: eine große Schmiere. [...] Ich [Jakob]
> habe auch gebläädet, kam aber nicht damit über
> den Stümper hinaus. 'Ziegelbääkisch Jacob hood
> et net ü richtig erraus kreet'« [66]

»Ziegelbääkisch«[16] ist also sein Spitzname. Das ist eine recht merkwürdige Nomenklatur der Eifeler. Hausnamen oder Benennung von Personen folgen in der Regel der Ortsbestimmung, Tätigkeit und den Vorfahren. Dies hat den Vorteil, mit

---

[15] Bläuen
[16] Ziegelbäcker

Nennung einer Person, diese in das Gruppengefüge erkennbar einzuordnen.

> »Obschon unser Sippenname Kohnenhauprichsten war, wurden wir auch als schon zur Krugbäckerei zurück gekehrt immer noch Ziegelebäckisch genannt auch dann noch als wir die Schotteln (Milchkühler) fabrizierten. Meine Schwester Marie, die von der Ziegelbäckerei & der Krugbäckerei nichts mehr mitbekommen hatte, hätte somit Schottlebääkisch Marie genannt werden müssen; sie freut sich aber heute noch in Frankfurt M. darüber, dass das unterblieb.« [66]

Bleibt die Frage zu erörtern, wie sich Pater Pleins Beziehung zu seinen Eltern gestaltet. Seine Mutter *Katharina Plein-Wagner* beschreibt er selbst als »Tanten- und Mutterschürze«. Diese Frau hat Erhebliches geleistet. Ständig schwanger, einen sehr großen Haushalt betreuend wie auch im Betrieb mitarbeitend *(Reed Machen)*, wird sie im Allgemeinen als liebevolle, kümmernde Person beschrieben. Bei dieser Vielzahl an zu Umkümmernden wird nicht viel Zeit für den jungen Jakob geblieben sein.

Plein-Wagner ist, wie bereits erwähnt, Polymath. Solche Persönlichkeiten geben Wissen gerne weiter und zu dieser Zeit wohl eher an die Söhne. Das land- und forstwirtschaftliche Know-how sowie das Betreiben einer keramischen Fabrikation technisch wie betriebswirtschaftlich hat Plein-Wagner bereits seinen ersten drei Söhnen vermittelt. Dieses Wissen haben sich die drei älteren Brüder, insbesondere als es dem Betrieb schlecht ging, sehr hart erarbeiten müssen.

Neben seiner Tätigkeit als Unternehmer besitzt Plein - Wagner zwei Leidenschaften: das künstlerische Arbeiten in Ton und Stein sowie die historisch - wissenschaftliche Arbeit zu der heimatlichen Tonindustrie. Viele männliche[17] Nachfahren direkter und indirekter Linie beschreiben mit Stolz die Heimatforschung Plein-Wagners. Aber keiner setzt diese Arbeiten fort oder kommt über bloßes Zitieren hinaus. Einzig die späteren Arbeiten von Pater Hugo Plein benutzen dieses Wissen, strotzen vor episodischen Fakten über Heimat und Erzählungen des Vaters und verknüpfen diese mit seiner eigener Forschung.

Es besteht Grund zur Annahme, dass der junge Jakob für seinen Vater Plein-Wagner eine ganz besondere Rolle spielt: Plein-Wagner findet in seinem Sohn den aufmerksamen und wissbegierigen Zuhörer, den er braucht, um sein heimatkundliches Wissen zu bewahren.

> »[...] Damit wuchs ich auf; selbst vom Jahre 1880 weiss ich mich noch manches zu erinnern & wie mein Vater damals die Römer. Töpferöfen in kleinen Modellen modellierte & zwar im Auftrage von Prof. Dr. Hettner. Ich war erst 4 Jahre alt. Aber als Schuljunge nahm ich reges Interesse für Vaters Bestrebungen & auch in der Folge, so dass ich mir, umso mehr ich mich aus der Jugendzeit sehr gut heute zu erinnern weiss, schon zumuten darf,

---

[17]Warum nur männliche?

schon etwas vom väterlichen Wissen mitbekommen
zu haben.« [58], p. 479

Die für diese Zeit unüblich hohe Kinderzahl ist eine persönliche Entscheidung der Eltern Plein-Wagner – vielleicht begründet in einer tiefen Religiosität, aber sicherlich auch gewollt, um dem wachsenden Familienkonstrukt ausreichend Nachkommen zur Verfügung zu stellen. Die Töchter haben in wirtschaftlich gut gestellte, bürgerliche Familien mit politischem Einfluss eingeheiratet oder sich eine bedeutsame Stellung im Kloster erarbeitet. Die vier Söhne übernehmen vom Vater die Plein-Wagner OHG. Alles passt, jeder hat seinen Platz - denkt man. Aber für einen *Jedan*[18] eben nicht, wie der weitere Verlauf zeigt.

Ausbildung und frühe Erwachsenenjahre

Zur Zeit des jungen Jakob gibt es zwei Schulgebäude in Speicher. Eines am Marktplatz, das zweite Ecke Neugasse/Hühnergarten. Der Unterricht findet getrennt nach Mädchen und Knaben statt. Im Jahr 1881, im Alter von fünf Jahren, wird Jakob eingeschult. Ob er das Schulgebäude nahe des Elternhauses besucht oder das auf dem Marktplatz, ist nicht bekannt. Jakob schildert, dass er zweimal auf dem Schulweg von einem Fuhrwerk erfasst wurde, aber wie durch ein Wunder heil geblieben ist. Der Schulweg zur damaligen Zeit ist wohl nicht weniger gefährlich als heute.

---

[18] Alter Ego von Pater Plein, kroatisch für »Ein gewisser Jemand«

Auch ist nicht bekannt, ob er ein guter Schüler ist. Sich selbst beschreibt er als einen eher schwierigen, rebellischen Jugendlichen. Seine weitere Lebensleistung, seine Korrespondenz und Schriften ergeben allerdings das Bild eines überdurchschnittlich intelligenten Menschen.

Jakob wird streng nach katholischen Werten erzogen. Der Sonntag gehört der Familie und man liest gemeinsam aus dem Evangelienbuch.

>»In meiner Jugendzeit ging Sonntags das Pericope in der Familie rund, das Evangelienbuch. Mutter verstand es schon ihren Kindern das Leben der Heiligen in die Hand zu drücken & Vater [...] die Nachfolge Christi; die dann auch gelesen wurde.«

Nach Abschluss der örtlichen Schule im Alter von 16 Jahren wird Jakob der Besuch einer weiterführenden Schule verwehrt. An ein Studium ist erst recht nicht zu denken. Stattdessen »schickt« man ihn zu einer kurzfristigen Ausbildung auf eine Handelsschule in Carlsbourg, Belgien. Dieser Aufenthalt wird weniger als ein Jahr dauern. Untergebracht ist er in einem Pensionat der Schulbrüder, einer christlichen Ordensgemeinschaft, die sich der Erziehung und Ausbildung Jugendlicher widmet. Dort wird er in der Evidenzbuchhaltung unterrichtet. Die französische Sprache erlernt er nebenbei recht schnell.

Im Laufe des Jahres 1893 kehrt er nach Speicher zurück und arbeitet unter seinem Bruder *Johann*. Jakob kann ihm helfen und führt auch die französische Korrespondenz.

»Bis zum Jahr 1902 war ich also Gehilfe meines Bruders. Ich kann nicht behaupten, dass mein Meister besonders zum Dozenten veranlagt war & ich mit einer gewissen Denkfaulheit machte wenig Fortschritte in der Aneignung der DDB.[19]«

Im auslaufenden 19. Jahrhundert ist es unter den jugendlichen Männern Mode, eine freiwillige Militärzeit bei der kaiserlichen Garde in Potsdam abzuleisten. Drei weitere Speicherer und enge Freunde Jakobs teilen seine Begeisterung. [54] p. 460

»Für ihn als hochgewachsenen jungen Mann kam für die einjährig - freiwillige Militärdienstzeit nur die Garde in Frage, die er als strammer Unteroffizier verließ.«, zitieren wir nochmals aus Mehs Nachruf.

Während seine drei Mitstreiter »wirkliche Gardelängen« besitzen, erfüllt Jakob mit seinen knapp 175 Zentimetern gerade mal die Anforderung.

Jakob dient beim *4. Gard. Reg. z. Fuß*.[20] Mit von der Partie, wenn auch in anderen Regimentern, sind: sein zukünftiger Schwager *Jakob Husch*, der Nachbar *Jacob Wingenter* und sein bester Freund *Theodor Wilwerding*. Jakob verlässt die kaiserliche Garde als Unteroffizier.

Wieder zurück in der Heimat, will Jakob sich nicht so recht einfinden und ist unzufrieden. Offensichtlich haben seine drei

---

[19] Doppelte Buchhaltung
[20] 4. Garderegiment zu Fuß

Abbildung 1.8.: Jakob Plein als Unteroffizier der kaiserlichen Garde

älteren Brüder kein Interesse, ihn zu integrieren und schieben ihn in die Produktion ab, um dort stumpfsinnige, niedere Knochenarbeit zu verrichten. Warum sollte es der kleine Bruder einfacher haben als sie selbst in ihrer Jugend? Alle wichtigen Posten sind verteilt und Jakob scheint überflüssig.

Auf dem Foto (Seite 48) aus dem Jahr 1894 steht Plein-Wagner hinter seinen vier Söhnen *Jakob, Adam, Nikolaus* und *Johann* (v. l. n. r.). Rechts hinter Johann steht *Mathias*, der junge Bruder von Plein-Wagner. Davor sitzen Mathias' Kinder. Ganz rechts steht Schwager *Wingenter*, links unten dessen Kinder. Um alle herum platziert die wichtigsten Produkte, im Vordergrund die Milchsatte. Diese Gruppenaufstellung sagt viel über die Familienhierarchie.

»Dann aber fing ich an und wurde energischer. Ich wollte herauskommen aus der dauerhaften Dienstbarkeit eines Gehilfen. Bei meinen älteren Brüdern (ich war nur 10 Jahre jünger wie (†) Brd. Adam) stiess ich auf Widerstand indem man mir zutraute ich könnte auch weiter Bruder Johann bei den Schreibereien aushelfen & in der Fabrik - Siebgermachen & stechen & ein bisschen Handlanger-Dienste leisten. So wurde meine schöne Jugendzeit in geisttötender Beschäftigung verplempert, nicht nur das, viel Nachteiliges wurde zur Begleiterscheinung. Niemand hätte mich auf die Handelsschule (die Kosten sollte ich selbst tragen) geschickt, wenn ich mir nicht selbst Gewalt angetan hätte. So packte ich meinen Koffer, reiste nach Calw, machte dort

Abbildung 1.9.: Plein-Wagner mit Söhnen, Bruder, Schwager
und deren Kindern - Betriebsaufstellung 1894

einen 1/2 jährigen Kurs in Buchführung!«

Die *Spöhrer'sche Höhere Handelsschule Calw* ist eine renommierte Anstalt. In deren Prospekt aus dem Jahre 1905 [10] ist zu lesen, dass »junge Leute reiferen Alters« auf den kaufmännischen Beruf vorbereitet werden. Jakob belegt den sechsmonatlichen Akademie-Kurs. Unterrichtet werden Fächer, wie z. B. »Einfache, doppelte und amerikanische Buchführung, Korrespondenz, kaufmännisches Rechnen, Kontokorrent, [...].« Die Unterbringung erfolgt im eigenen Pensionat. Zugangsvoraussetzung ist unter anderem der Besitz des Berechtigungsscheines für den Einjährigen - freiwilligen Militärdienst. Ob Jakob das von langer Hand geplant hat, ist fraglich. Er handelt eher impulsiv und kurz entschlossen.

Erst als der Vater Plein-Wagner sich im Jahr 1901 entschließt, sein Unternehmen in eine OHG[21] zu überführen und diese zu gleichen Teilen an seine vier Söhne zu übertragen, herrscht die notwendige Klarheit zwischen den Brüdern; die älteren müssen den jungen Bruder anerkennen und Jakob kann sich etablieren.

Auch wenn nun mit Gründung der OHG der Übergang von einer »Sippschaft« zu einer modernen Unternehmung eingeleitet ist, so verzweifelt er an der störrischen Haltung seiner drei Brüder, die sich von den Vorteilen einer betriebswirtschaftlich orientierten Unternehmensführung nicht überzeugen lassen.

> »Man wusste: Wir sind eine Firma, das Wort
> wurde gleichsam sprichwörtlich, erst bei den Ar-

---

[21] offene Handelsgesellschaft

beitern & bei Aussenstehenden - Was eine O.H.G
sei & und wie sie zu handhaben sei um ihre Vorteile zu geniessen, darüber wurden die Firmeninhaber sich nicht klar. Ich hatte versucht ihnen das beizubringen. Ich erklärte ihnen Kapital- & Personaldividente [sic!] der Gesellschafter, dass jeder das Recht habe, überschüssiges Einkommen im Geschäfte zu investieren, das Geschäft so zu heben, statt das Geld auf der Bank anzulegen, dass so die Kapitaleinlagen mit der Zeit verschieden an Höhe wurden. Jeder Inhaber erhielt dann seine Kapital Dividente [sic!] gutgeschrieben, bevor der Reingewinn zu gleichen Teilen als Personal Dividente verteilt wurde. - Wurde abgelehnt mit der für jeden Einsichtigen unverständlichen Begründung ein jeder soll dieselbe Kapitaleinlegung haben.

So konnte sich nur jene drollige Affäre ereignen, die ich schon früher einmal erwähnt hatte. Eines Tages zu Kirmeszeit wurde ein Ochs geschlachtet. Beim Zerteilen kamen zufällig 4 Viertel heraus für jeden Gesellschafter 1/4. Das passte wunderbar zur Situation. 3 Gesellschafter hatten Haushaltsverwendung. Ich nur, wenn ich aus meinem Viertel restlos Dauerwurst gemacht hätte. Aber wann sollte ich sie verzehren, da ich solange dem Haushalt im Elternhaus aufrecht erhalten blieb als Lediger Anspruch auf Kost & Unterhaltung hatte? Ich wollte meinen Brüdern mein Viertel überlassen & den Wert dafür meinem Gesellschafter-Konto gutschreiben. Nein, wurde abgelehnt, *Du musst dein Viertel nehmen.* Eine solche [...?] O.H.G. zeigte mir hinreichend die hier auftretende Verkehrtheit. War es Unverständnis oder Thorheit oder gar blosser Widerspruchsgeist, wie er bei allen Sterblichen nur zu oft vorkommt? - Diese Mentalität hielt sich aufrecht. Mit einer gesunden Logik war nicht dagegen anzukommen. Auch war nicht dagegen anzukommen, ihre Gewinne auf die Banken zu tragen & statt dessen wie die Nach-Generation, die Neffen in Speicher es jetzt tun, den Überschuss in der Fabrik selbst zu investieren.

Nach dem 1. Weltkriege war ich zu Hause als man sich beklagte alle Ersparnisse der Sparkassen & Wert[hanleihen?] restlos verloren zu haben. Jetzt habt Ihr's sagte ich. Hättet Ihr doch nur die Hälfte des Verlorenen im Unternehmen investiert gehabt, dann stünde es jetzt anders. - Wir wussten es nicht besser erwiderte man.« [42]

Jakob bringt sich mit seiner betriebswirtschaftlichen Denkweise aktiv in das Unternehmen ein, auch wenn er viele Kämpfe mit den Brüdern ausficht. Wie seine Stellung und Akzeptanz innerhalb seiner Familie und der Belegschaft ist, kann nur vermutet werden.

Im privaten Bereich läuft es gut für Jakob. Er verliebt sich und will gemeinsam mit seiner zukünftigen Frau eine Familie gründen. Er plant neben dem Elternhaus einen Neubau und beginnt recht schnell mit der Umsetzung. Noch heute ist dieses

Abbildung 1.10.: 1904 Bautruppe Dodenburger Straße, Jakob
Plein, oberste Reihe 2. v. links

Haus eines der schönsten und prachtvollsten Bauten in Speicher.

Kurz vor Fertigstellung im Jahr 1905 kommt alles anders.

Aufbruch nach Mariastern

Ein sehr schmerzhaftes Ereignis wirft den nun fast 30-jährigen Jakob gewaltig aus der Bahn, obwohl er beginnt, sich zu etablieren. Mit seinen Brüdern *Niklas, Johann* und *Adam* ist er zu gleichen Teilen Inhaber der im Jahr 1901 von seinem Vater gegründeten und übergebenen OHG. Seine Aufgabe im Unternehmen ist die des Kaufmanns. Er ist zum Buchhalter ausgebildet. Somit die Zukunft gesichert und das neue Heim in Bau, kurz vor der Fertigstellung. Der Heiratstermin ist festgelegt.

Folgende Schilderung lässt erahnen, was passiert:

> »Welche Umwälzung in so kurzer Zeit in meinem Geschicke. Wie hat das Schicksal grausam mit mir verfahren, mir wuchtige Schläge versetzt und doch mußte es so sein, die göttliche Vorsehung hat alles zu meinem besten gelenkt. Vor drei Monaten noch in den frohesten Hoffnungen auf eine bald stattfindende Hochzeit, darauf folgendes tiefes Unglück ich wurde mich zum inbrünstigen Gebete und da gibt der liebe Gott mir auf einmal Alles - Es läßt mich Priester werden.« [35]

Aus heutiger Sicht stellt sich die Frage, warum er sich so unerwartet entscheidet, in einen Orden einzutreten. Der Auslöser ist sicherlich die Scham der enttäuschten Liebe. Das stimmt, ist aber zu kurz gegriffen. Vielmehr ist es so, dass seit seiner Kindheit das Leben für ihn zu oft enttäuschend gelaufen ist, er sich übergangen und zurückgesetzt fühlte.

Dieses Ereignis ist der sprichwörtliche Tropfen, der das Fass zum Überlaufen bringt.

>>Ist aller Anfang auch schwer so freue ich mich doch, daß die Welt hinter mir liegt. Sie urteilt so lieblos und an Spott und Hohn wird es ja jetzt gerade zu Hause nicht fehlen. Laßt sie nur urteilen wer zuletzt lacht lacht am besten.<< [38]

Was nun genau passiert in seinen letzten Tagen in Speicher, ist unbekannt. Zeitzeugen leben schon lange nicht mehr.

Der weitere Ablauf lässt sich aus Briefen und sonstigen Quellen rekonstruieren. Nach diesem Unglück flüchtet Jakob Hals über Kopf nach Potsdam. Potsdam ist für ihn ein wohltuender Rückzugsort. Seine Militärausbildung hat er hier absolviert. Der Lieblingsonkel *Jakob Klotz* lebt und arbeitet hier im St. Josefs-Krankenhaus. Das St. Josefs pflegt eine enge Verbindung mit dem Trierer Mutterhaus. Seine Schwester *Greth*, eine Borromäerin, arbeiten im St. Josephs als Schwester Gilla und seine Schwester *Polin* (Schwester Cyrilla) im Trierer Mutterhaus. Onkel Klotz ist der Stiefbruder von Jakobs Mutter. Ihr Vater war früh verstorben, die Mutter heiratete erneut und hatte in zweiter Ehe einen Sohn, Jakob Klotz. Zu ihrem Stiefbruder hatte *Katharina Plein-Wagner* zeitlebens ein enges Verhältnis, wie auch ihr Sohn Jakob.

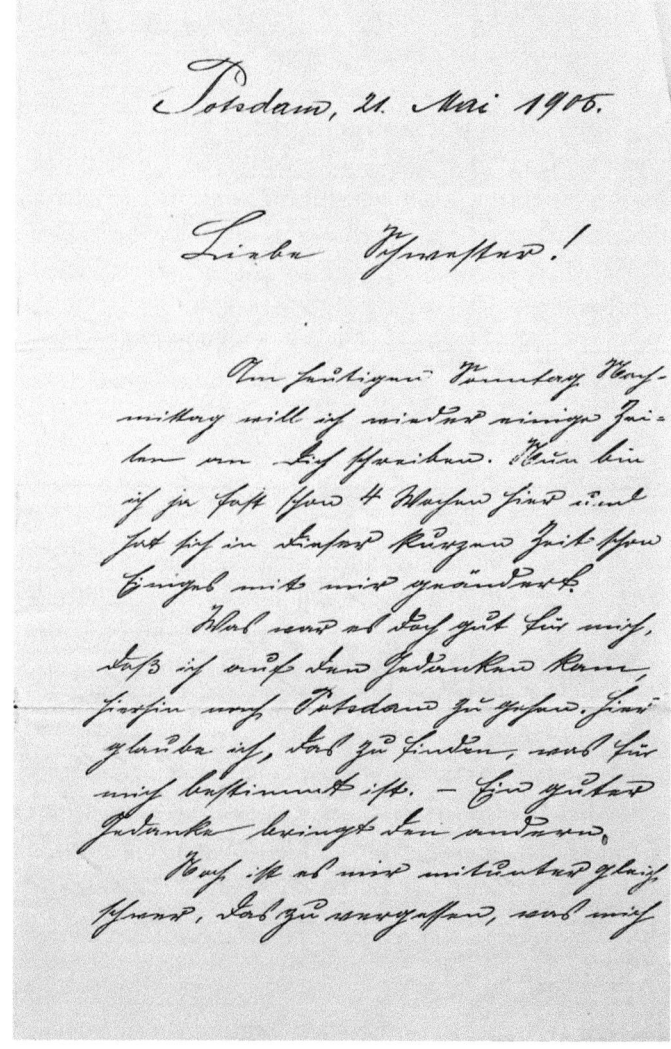

Abbildung 1.11.: Mai 1905, Brief an seine Schwester

Nach vier Wochen in Potsdam schreibt Jakob Plein seiner
Schwester:

> »Noch ist es mir mitunter gleich schwer, das zu
> vergessen, was mich so sehr schmerzte. Der Kampf
> dauert noch an, aber ich glaube, daß das Bessere,
> das Richtige schon oberhand genommen hat. Der
> Gedanke, der mich am meisten beschäftigt, wird
> wohl seine Bestimmung haben und der sagt mir,
> ich soll Ordensmann werden. [...] Nichts hält mich
> davon zurück, denn in der Welt kann und werde ich
> den Frieden nicht mehr finden.« [36]

Der Entschluss ist also gefasst. Nun bleibt zu entscheiden,
welcher Orden der richtige ist. In der reichhaltigen Bibliothek seines Onkel Klotz verschafft sich Jakob den notwendigen
Überblick. Nach einigen Gesprächen mit den Dominikanern
in Berlin wollen diese ihn gerne aufnehmen, können ihn aber
nicht überzeugen. Er besorgt sich eine Beschreibung über die
Regeln und die Lebensweise der Trappisten, was ihn zugleich
abschreckt und fasziniert. Um sich Rat zu holen, bestellt er
ein Buch über *Die Orden und Kongregationen der katholischen
Kirche*. Vielleicht erfährt er hier, welches der passende Orden
für ihn sein könnte. Schon während der Wartezeit auf das Buch
formt sich immer mehr der Gedanke bis zur Reife, Trappist zu
werden.

> »Ich entschloß mich sofort nach Banjaluka zu
> fahren und mich vorzustellen mir alles anzusehen

und dann nach Hause zu fahren, um Abschied zu nehmen.« [35]

Wie sich im Verlauf seines Lebens abzeichnet, ist Jakob Plein ein Persönlichkeitstyp, der sich spontan eher für den schwierigen, mitunter harten Weg entscheidet.

Das Trappistenkloster Mariastern bei Banja Luka wurde im Jahr 1869 durch den aus Österreich stammenden Trappisten Franz Pfanner gegründet. Zu dieser Zeit gehörte Bosnien noch zum Osmanischen Reich. Die Trappisten, auch die *Zisterzienser der strengen Observanz* (OCSO) oder kürzer *Orden der reformierten Zisterzienser* (OCR) genannt, sind bekannt für die strenge Befolgung der Benediktinerregeln. Dies wird an anderer Stelle ausführlicher geschildert.

Jakob plant, sich vor Ort einen Eindruck zu verschaffen, zu entscheiden und danach nochmals in die Heimat zurückzukehren, um seine Angelegenheit zu regeln. Aber es kommt anders.

Er macht sich im Frühjahr 1905 auf den Weg nach Bosnien zur Abtei Mariastern. Das darf man sich nicht vorstellen wie zur heutigen Zeit. Die Entfernung Potsdam - Banja Luka beträgt ca. 1.300 Kilometer, die es zu bewältigen gilt. Das Eisenbahnnetz ist zur Zeit seiner Reise schon recht gut ausgebaut, aber die durchschnittliche Reisegeschwindigkeit beträgt 40 Kilometer pro Stunde. Auf Anschlussverbindung muss oftmals bis zum nächsten Tag gewartet werden, stellenweise ist die Weiterfahrt nur über Fluss oder Straße möglich. Jakob Plein gibt seine Reisezeit mit drei Tagen an. Die Reiseroute verläuft von Potsdam über München nach Agram[22]. Von

---

[22] Zagreb

dort zum Anlegerhafen der Save in Sissek[23]. Der Fluss Save ist ab Sissek bis zu seiner Mündung in die Donau schiffbar. Das Schiff verlässt den Hafen frühmorgens, so dass eine Übernachtung in Sissek erforderlich ist. Im frühen Morgen legt das Schiff ab und benötigt 8 Stunden bis Gradiška. Die Überfahrt ist stürmisch. Dort angekommen sind noch einige Stunden in einem Bus oder anderem Fahrzeug nötig, um nach Mariastern zu gelangen. Das Kloster Mariastern liegt am rechten Ufer des Flusses Vrbas, Ankunft ist aber an der gegenüberliegenden Seite. Vor einem Jahr wurde eine Brücke über die Vrbas fertiggestellt. Ansonsten hätte er mit der Fähre oder einem Kahn übersetzen müssen. Seit der Gründung im Jahr 1869 musste der gesamte Bedarf, Baumaterial, Mensch und Tier, diesen nicht ungefährlichen Weg nehmen.[24] Die Reisebeschreibung von Franz Ruthner aus dem Jahr 1876 berichtet: »Mit kräftiger Stimme rief jetzt einer der Patres hinüber, zum Zeichen, daß Reisende angekommen, die ins Kloster begehren. Auf seinen Ruf kamen drei Laienbrüder, lösten einen Kahn los, und brachten uns so hinüber - ins Kloster [...]« [74]

Jakob Plein ist am Ziel seiner Reise angekommen, um die nächsten neun Jahre seines Lebens dort zu bleiben.

---

[23] Sisak
[24] Der Fluss Vrbas ist wildes Gewässer und heute beliebt bei Wildwasser-Raftern.

2. Pater Anastasius

Mariastern

Als Jakob Plein bei seiner Ankunft die Klosteranlage das erste Mal sieht, ist er von deren Größe überwältigt. Zu dieser Zeit erlebt Mariastern seine Blütezeit. 180 Personen, Laienbrüder, Patres und Tagelöhner, verrichten die Arbeiten. Mit den Augen des Kaufmanns wird er einen Vergleich zur heimatlichen Betriebsstätte ziehen, welche mit 10 bis 12 Beschäftigten wesentlich kleiner ist.

Franz Pfanner, Priester und Mönch im Trappistenkloster Mariawald in der Eifel, gründete im Jahr 1869 die Abtei Mariastern. Seine Geschichte soll hier nicht erzählt werden, nur soviel, dass Franz Pfanner »eine starke außergewöhnliche, energische, praktische und pragmatische Persönlichkeit war.« [13] Gegen den Widerstand der örtlichen türkischen Verwaltung gelang ihm aus dem Nichts die Neugründung von Mariastern. Seitdem hat die Abtei den Ort Banja Luka und sein Umland wesentlich geprägt.

Als Jakob Plein in den Orden eintritt, ist Dominikus Aßfalg Abt. In seiner Amtszeit wächst Mariastern beträchtlich.

»Abt Dominikus entwickelte mit einem Dreiklang

von Innovation der Infrastruktur (Brückenbau, Was-
serkraft, Dampfkraft, Elektrizität), Investition in
moderne Landwirtschaft und Wirtschaft und Schule und Ausbildung für die Jugend die ganze Region
Banja Luka.« [3]

Die Ordensleute der Abtei bauen 1903 eine 80 Meter lange
eiserne Brücke über den angrenzenden Fluss Vrbas. Der Fluss
ist gestaut und betreibt ein Wasserkraftwerk für die Kloster-
mühle und zur Stromerzeugung. Auf dem Grundbesitz wird
Vieh- und Pferdezucht betrieben. Zu den großen Stallungen
führen Gleise, um Futter zu befördern. Eine Brauerei sowie
eine Grund- und eine Handelsschule befinden sich auf dem
Gelände, insgesamt ein großer Wirtschaftsbetrieb. Im Inneren
des Klosters arbeiten die Laienbrüder, während die Religiosen
hauptsächlich auf dem Feld arbeiten. Mariastern gehört zu einem Missionsgebiet mit großem Wirkungskreis. Die Hälfte der
meist ärmlichen Bevölkerung sind Muslime, ein kleiner Teil
Juden und der Rest Katholiken. Die Trappisten von Mariastern sehen ihre missionarische Aufgabe in der Ausbildung der
Jugend zu Landwirten und Handwerkern. [35][14]
    Kurz vor dem Pfingstfest trifft Jakob in Banja Luka ein und
bittet um Aufnahme. Sein ursprüngliches Vorhaben, nochmals
nach Hause zurückzukehren, verwirft er. Der Abt Dominikus
Aßfalg überredet ihn, direkt zu bleiben. Ansonsten »werde sein
Entschluss in der Heimat aufgeweicht und er überredet, zu-
hause zu bleiben.« An seine Mutter und Familie schreibt er
seinen Entschluss, den gebuchten Rückfahrschein nicht zu nutzen. Er sei froh mit dieser seiner Entscheidung, »auch wenn es

die Mutter schmerzt.« Seine Mutter stirbt sechs Jahre später, einen Monat, nachdem er die feierliche Profess ablegt. Er sieht sie nie wieder. [34]

Der Abt und der Novizenmeister stellen ihm in Aussicht, sich auf den heiligen Priesterstand vorzubereiten. Jakob Plein kann sein Glück kaum fassen und sieht in allem den Willen Gottes. Allerdings hat er Bedenken, im fortgeschrittenen Alter von 30 Jahren so einer schwierigen Berufung zu folgen. Von zu Hause, vornehmlich von seinem Bruder *Johann* kommen Kritik und Unverständnis. »Mit einer solchen Entscheidung solle er sich doch Zeit lassen und wenn es sein muss, dann doch besser die Benediktiner.«

Jakob Plein vermutet Vorbehalte. »Es würde sich wohl für die Welt da draussen besser anhören, Benediktiner zu sein als Trappist«. [35] Schon im 18. Jahrhundert überwiegen in der aufgeklärten, liberalen Mittelschicht Vorbehalte gegenüber dem Klosterleben, insbesondere gegenüber so strengen Orden wie den Trappisten.

Friedrich Pfannenschmidt ([61], Vorwort) sieht diese Antipathie vorrangig als Folge der vorangegangenen Aufklärung, aber auch der allgemeinen Unkenntnis über die geistlichen Orden und Institutionen.

Die »Welt« hinter sich lassen

Da er in Mariastern bleibt, muss er seine heimatlichen Angelegenheiten mithilfe von Briefen regeln. Er verfasst einen Entwurf seines Testaments. Seine Gründe, dies schon jetzt zu formulieren, sind nachvollziehbar. Seinen drei Brüdern soll genug Zeit bleiben, ohne Schädigung des Geschäftes die Auszahlung seines Vermögensanteils vorzubereiten. Er ist zu einem Viertel an dem Unternehmen beteiligt. Die in Betracht kommenden Erben sollen schon jetzt gerechtfertigte und vernünftige Wünsche äußern dürfen, bevor er seine endgültige Entscheidung fällt. Falls er vor der feierlichen Profess aus welchem Grund auch immer als Ordensmann in Mariastern stirbt, soll eine geregelte Auseinandersetzung seiner Hinterlassenschaft gewährleistet sein. [33]

Immerhin ist sein Aufenthalt in Mariastern nicht ungefährlich. Mariastern liegt inmitten Europas Hexenkessel. Alle damaligen europäischen, imperialistischen Großmächte (Russland, die Türkei, Frankreich, Italien, Großbritannien, Deutschland und Österreich-Ungarn) nutzen den *Hexenkessel Bosnien* als Zentrum ihrer Machtspiele. Die Annexion durch Österreich-Ungarn der vormals osmanisch besetzten Gebiete steht in Widerspruch zu russischen und serbischen Interessen, insbesondere zu denen der bosnischen Serben, und führen so zu inneren Unruhen. »Serbische Banden bedrohten Leben und Eigentum. Patres und Brüder standen über Wochen in den Winternächten Wache mit dem Hinterlader auf der Schulter.« [25]

Man darf davon ausgehen, dass Pater Plein zu den Wachhabenden gehört.

Dem Testamentsentwurf geht eine Vermögensbilanz voraus. Demnach beträgt sein Vermögen laut Aufstellung 49.300 Mark. Beachtlich zur damaligen Zeit. Heute sind das 360.000 Euro. Er verlässt seine Heimat als vermögender Mann. Nach dem Ablegen der feierlichen Profess ist es ihm nicht mehr erlaubt,

Eigentümer irdischer Güter zu sein und darüber zu bestimmen. Explizit ist seine Bemerkung, dass das Kloster keine Ansprüche an ihn geltend mache, ihn keinesfalls beeinflusst und auch mit »Nichts« zufrieden wäre. Dennoch sieht er sich in der Schuld desjenigen, der ihm »große Gnaden gegeben hat, in diesem Haus.« [33]

Sein Vermögen setzt sich größtenteils aus den Firmenanteilen und dem Wohnhaus zusammen. Die Satzung der OHG aus dem Jahr 1901 ist eindeutig. [6] Verlässt ein Gesellschafter das Unternehmen, wird dieses von den verbleibenden Gesellschaftern, d.h. seinen drei Brüdern, weitergeführt. Dem Ausscheidenden steht eine Abfindungssumme zu. Im April 1908 wird das Ausscheiden von Jakob Plein mit notariellem Vertrag geregelt. Seinem Bruder hat Jakob Plein schon Jahre zuvor eine umfassende Vollmacht für seine Belange erteilt. Seine Anwesenheit in der Heimat ist somit nicht erforderlich. Der Vertrag legt die Höhe der Abfindungssumme fest. Mit Empfangsquittungen aus dem Jahr 1908 sowie 1910 bestätigt Abt Dominikus Aßfalg den Empfang in Summe von 14.000 Mark zugunsten des Klosters Mariastern. Dies sind umgerechnet auf die heutige Zeit fast 100.000 Euro.

Vom Novizen zum Priester

Das genaue Datum seiner Einkleidung ist nicht bekannt. Zu ungenau sind die Angaben in seinen Briefen. Sie wird Mitte August 1905 stattgefunden haben. Die Einkleidung folgt einem festen Ritual, das ein »Auftauchen in aller Form von weither

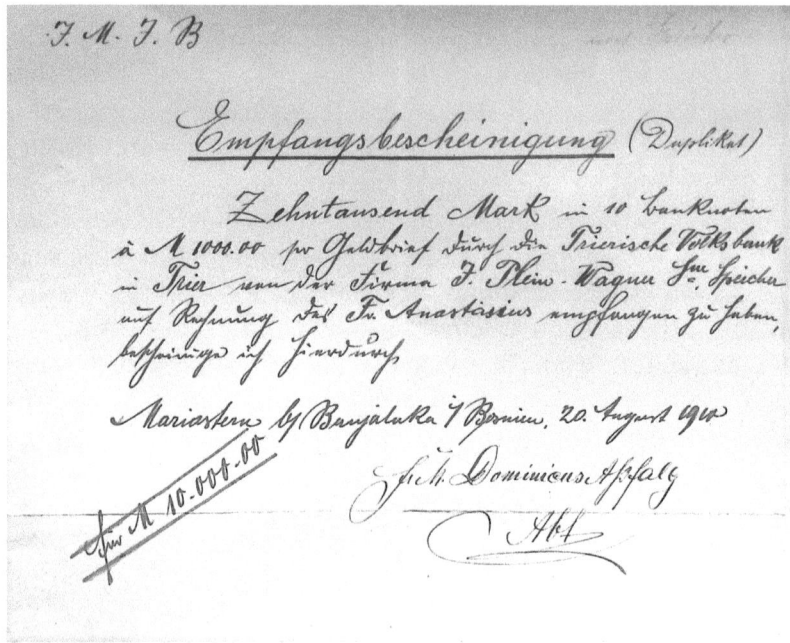

Abbildung 2.1.: Eine der beider Empfangsquittungen der Zahlung an Mariastern, von Abt Dominikus unterzeichnet

aus der Welt in die Mitte dieser neuen Gemeinschaft« symbo-
lisiert. [75]

> »Jetzt erinnert auch mein Äußeres daran, [...],
> mich von der Welt loszureißen. Wie so vieles an-
> dere für mich hat aufgehört zu bestehen, so auch
> der Name Jakob Plein und führe nun den Ordens-
> namen Frater M. (Maria) Anastasius.« [33]

Mit Aufgabe seines weltlichen Namens hat er nun endgültig
seine alte »Welt« hinter sich gelassen. Gleichzeitig scheint er
auch Abstand zu seinem »großem Unglück« gewonnen zu haben. Dieses Unglück nennt er mittlerweile seine »wohlverdiente
Züchtigung, erteilt durch Unglück, Kummer und Leid.«

Es fällt auf, dass ab der Zeit seiner Einkleidung bis zu der
feierlichen Profess keine Briefe von ihm vorhanden sind. Da die
Briefe von Pater Plein von seiner Familie sorgfältig gesammelt
und aufbewahrt wurden, ist davon auszugehen, dass er nicht
nach Hause schreibt.

Der nunmehrige Frater Anastasius konzentriert sich neben
seiner Klosterarbeit einzig und alleine auf seine theologische
Ausbildung und Studien. Der Gedanke, Priester zu werden,
ängstigt ihn. Er zweifelt, ob er der Aufgabe gerecht wird, da
schon in fortgeschrittenem Alter. Andere sind einige Jahre jünger als er.

Sein Lernpensum ist gewaltig. In den Jahren seiner Ausbildung im Kloster Mariastern studiert er unter anderem Theo-
logie und Philosophie. Er schreibt später in seiner Lebensrück-
schau, dass ihm das Erlernen der lateinischen Sprache leicht-
fiel. Erst im Alter von 29 Jahren beginnt er mit Latein. Sein

Vorteil ist, dass er bereits fließend Französisch spricht. Sämtliche benutzte Studienlektüre liegt in lateinischer Sprache vor. Der Unterricht findet in Latein statt, wie auch alle Prüfungen. Latein ist ihm nach einiger Zeit so geläufig, dass es von ihm als Umgangssprache hätte benutzt werden können. [56]

Im Mai 1911 legte er die feierliche Profess ab. Einen Monat später stirbt seine Mutter. Er besucht kurz Deutschland. Im August 1913 wird er zum Priester geweiht und trägt nun den Namen *Pater M. Anastasius*.

Das (Seelen-)Leben der Trappisten

Nicht umsonst widmet Pfannenschmidt sein Werk »den wahrhaft aufrichtigen Mönchen - den würdigen Söhnen des heiligen Benedict - den zur ursprünglichen Strenge zurückgekehrten Benedictiner - Cisterciencer - Mönchen oder Trappisten.« Die drei Gelübde Gehorsam, Armut und Keuschheit verbinden die Mönche zu einem gemeinsamen Ordensleben. [61][17]

Obwohl die Abtei den Eindruck von Wohlstand und Überfluss vermittelt, beschreibt Anastasius das Klosterleben der Mönche als von Armut und Entbehrung geprägt. Die Bedürfnisse der Mönche sind auf das Allernotwendigste beschränkt. »[...] wo man hinschaut, nichts als Armut und Entbehrung. Das Schlaflager besteht aus ein paar Brettern und einem harten Strohsack, der einzige Schmuck der Zellen aus einem einfachen Holzkreuz, ein Glas mit Weihwasser und einem kleinen Heiligenbild.« Geschlafen wird in der Tageskluft, die nur zum Waschen abgelegt werden darf. »[...] bei der hier herrschenden

Hitze ist der Schlaf (bei voller Kleidung) mit unter nicht gar
so erquickend.« [ebda.]

Das ewige Stillschweigen ist charakteristisch für den Orden
und sei

> »[...] gar nicht so schwer wie man sich das vor-
> stellt. Die absolute eigene Anspruchslosigkeit, die
> Schlichtheit und die Abgeschlossenheit von der Welt
> lassen den Menschen absterben von der Welt. Das
> innere Gebet wird gefördert und das menschliche
> Herz öffnet sich. Die Erlangung der Seligkeit ge-
> lingt nur durch Selbstverleugnung und Abtötung.
> Wo gelingt dies besser, als im geistlichen Leben, im
> Ordensstand? Allein in diesem Stande findet man
> die wahrhaft Weisen, und nicht bei denen, die ir-
> dischen Glücksgütern nachjagen.« [35]

Genau diese Erkenntnis führt ihn in das Kloster und begeis-
tert ihn für seinen Beruf. »Fragt ihr mich, ob ich denn auch
glücklich sei, so gebe ich euch darauf zur Antwort. daß ich heute schon mit keinem Weltmenschen mehr tauschte und wenn
er Königreiche zu vergeben hätte [...]« [ebda.]

Mit Eintritt in den Orden lässt Anastasius Familie, Heimat
und Hab und Gut hinter sich, schält die alte Welt von sich ab.
Diese Selbstverleugnung und Abtötung genannte Askese [81]
dient der »Erlangung von Tugenden« und der hierzu benötig-
ten »Festigung des Charakters«. Dies bedeutet den freiwilligen
Verzicht auf Besitz, Bequemlichkeit und Genuss.

An anderer Stelle erklärt Anastasius die Selbstverleugnung
mit einer Metapher:

»Wie ein Marmorblock sich willenlos vom Bildhauer behauen und bemeißeln läßt, so soll man sich
willenlos dem göttlichen Bildhauer hingeben daß er
alles Erdhafte und Unschöne an uns herunterhaue
und bemeißle, jedes Eckchen und Käntchen poliere
um eine recht schöne Statue aus uns zu bilden für
eine der Wohnungen seines Himmels.« [35]

Die Praxis der »Selbstverleugnung« darf durchaus kritisch
betrachtet werden. Nach Prof. Alwin Hammers [16] bedeutet
Selbstverleugnung, »die eigene Autonomie und das Bewusstsein des eigenen Selbstwertes als Person aufzugeben«. Selbstverleugnung und Abtötung bedeuten »Bedrohung und Leid«
und benötigen Kraft und Disziplin, um den »automatischen
Fluchtreflexen zu widerstehen«, die zur menschlichen Natur
gehören. Vor diesem Hintergrund ist erst verständlich, mit welchem Opfer und mit welcher Disziplin Anastasius sein Vorhaben, Ordensmann zu sein, betreibt.

Dabei sollte jedoch nicht außer Acht gelassen werden, dass
Jakob Plein sich für diesen Weg bewusst entscheidet und sich
eine neue Lebensumgebung im Kloster schafft. Er setzt sich
»proaktiv« mit der neuen Situation auseinander und entwickelt neue »persönliche Kompetenzen«. Dies ist ein entschei-
dender Schritt im Prozess seiner Persönlichkeitsentwicklung im
Erwachsenenalter. [79]

Lebensgemeinschaft der besonderen Art

Die Abtrennung von der *Welt* da draußen ist Teil der Selbstverleugnung und Abtötung. Im Vergleich zu einem Eremiten, der das gleiche Ziel in Einsamkeit verfolgt, nennt man die klösterliche Gemeinschaft ein *Koinobiterium*, eine »enge, dauerhafte, räumliche Gemeinschaft unter einer einheitlichen Führung.« [85][21]

Eine schweigsame Gruppe von Männern, die auf engstem Raum zusammenleben, in der Regel bis zu ihrem Lebensende. Jeder von ihnen hat seine eigene Lebensgeschichte und einen eigenen Grund, warum er das Ordensleben gewählt hat. Jeder von ihnen hat seinen eigenen Charakter, eine andere Herkunft, sozial wie kulturell, eine andere Berufskompetenz sowie unterschiedliche Bildungshorizonte und Interessen.

Bernadin Schellenberger [75] sieht das Kloster im positiven Sinne als eine Art »alternativer Gesellschaftsform«, einen abgeschlossenen, »autarken Mikrokosmos«. Die Klosteranlage bietet alles, was zum Leben benötigt wird, wie ein kleines Dorf. Die Bewohner dieses Dorfes beten, arbeiten, essen und schlafen gemeinsam, teilen Tag und Nacht denselben Ablauf.

Wie wir im weiteren Verlauf sehen werden, führt dies keineswegs zu einem friedlichen Miteinander unter den Ordensleuten. Mensch bleibt Mensch! Intrigen, Vorbehalte und Ränke gibt es auch im Kloster.

Anastasius schreibt nur in den ersten Monaten seiner Ankunft, danach nicht mehr. Er erzählt über sein Ankommen und die ersten Eindrücke, alles sehr durchsetzt mit eifriger Frömmigkeit. Wir erfahren kaum etwas über seinen Tagesablauf und wie er sich in diesem Gruppengefüge zurechtfindet.

Aber wie sieht nun das Leben eines Trappisten aus? Die nachfolgende Schilderung stammt aus den 1870er-Jahren. Bis zu Anastasius' Aufenthalt in Mariastern haben sich die mittelalterlichen Regeln nicht verändert. [61][8][74]

An einem normalen Werktag wird mit lauter Glocke um 2 Uhr morgens geweckt. Da im Ordenskleid geschlafen wird, eilen die Mönche ohne Verzug zum kleinen (Marianschen) Officium. »Es darf ihm kein Geschöpf im Lobe Gottes zuvorkommen, also auch selbst die Sonne nicht.« Das kleine Officium benötigt eine halbe Stunde, um danach in stiller Betrachtung zu verbleiben. Anschließend das Officium vom Tage und heilige Messe bis halb 5 Uhr. Nur im Sommer, bei harter Feldarbeit gibt es ein Frühstück mit Brot und einen halben Liter Sauerbier, aber nicht im Winter. Danach nochmals stille Betrachtung mit anschließender Messe, um endlich um 8 Uhr mit der harten Feld- oder häuslichen Arbeit zu beginnen. Der Abt oder sein Stellvertreter verteilen die Arbeiten, ohne Wenn und Aber. »Bei den Arbeiten ist der geistl. Obere der Erste und Eifrigste.« Nach drei bis vier Stunden Arbeit setzt sich der Trupp in Bewegung zum Refektorium[1].

Das Refektorium im Kloster Mariastern ist ein großer, langer Saal mit drei Reihen ebenso langer Tische. Sitzgelegenheit ist ausreichend vorhanden. Die Regel besagt: Es darf sich nicht angelehnt werden, daher sind Lehnen überflüssig. Das Tischgedeck besteht aus »einem irdenen Krug und einem Topf mit Wasser. Löffel und Gabel sind aus Holz.«. Der einzige Besitz,

---

[1] Speisesaal

den jeder Mönch sein Eigen nennen darf, ist ein Taschenmesser. Dieses praktische Werkzeug dient nun zum Brotschneiden. Die Kapuzen werden beim Essen weit in das Gesicht hineingezogen und das Trinkgefäß mit beiden Händen zum Mund geführt. Die Regel sagt: Es soll getrunken werden wie ein Kind. Wünscht jemand weiteres Brot, wird dies mit Zeichensprache signalisiert. Hierfür werden Daumen und Zeigefinger vereinigt. Mehr Salz wird mit dem rechten Zeigefinger angezeigt, der die Zungenspitze berührt. Schweigen ist obligatorisch. Wer mit Geräusch etwas fallen lässt oder verschüttet, muss sich solange demütig mit dem Gesicht nach unten zu Boden werfen, »wie es dem Oberen gefällt.« Die Speisen sind rein vegetarisch, es darf »nichts gegessen werden, was von einem Tier stammt.« Ausnahme ist zur Osterzeit, wenn dreimal pro Woche etwas Milch gereicht wird. An normalen Tagen sieht der Speiseplan eine braune Gemüsesuppe vor, in der immer die Reste des Vortages verarbeitet werden, Gemüse mit Pflanzenöl zubereitet und Schwarzbrot. »Die Kost ist ganz ausgezeichnet gut, wenn nur der Hunger dazu vorhanden ist.«

Nach dem Essen ist freie Zeit zum Studium bis halb 2 Uhr. Anschließend wieder körperliche Arbeit bis 4 Uhr nachmittags. Nach der Vesper[2] folgt das Abendessen im Speisesaal. Das Mahl besteht aus einem Stück Brot und einem halben Liter Sauerbier. Zusätzlich an Sonntagen ein grüner Salat, gemischt mit Kartoffel. Nun begibt sich die Essensgemeinschaft zur Rekreation und gemeinschaftlicher Lektüre in den Kapitelsaal. Die Fehler und Versäumnisse des Tages soll jeder für

---

[2] Gebet nach der Beendigung der Tagesarbeit

sich rekapitulieren und um Verzeihung bitten. Nun wird die gesamte Gemeinschaft um 9 Uhr abends in das Dormitorium[3] verabschiedet.

Die Bekleidung oder der Habit der Patres besteht aus einer grau-weißen, weit geschnittenen Kutte (Coule) aus grobem Wollstoff. Die Ärmel reichen bis zur Wade. Eine Kapuze ist an der Kutte angebracht. Darüber wird das »Skapulier« getragen. Dieses ist auch aus Wolle in dunkler Farbe. Das »Skapulier« verfügt über eine zweite Kapuze mit vorne und hinten langen Latzen, die bis zu den Knien reichen. Die beiden Latze werden mittels Gürtel gehalten. Zusätzliche Unterkleidung (Serge) aus dem gleichen rauen Wollstoff wie die Kutte gewebt, vervollständigen die Bekleidung. Man wechselt die Kleidung nur zum Waschen. »Der Trappist darf seine Kleidung weder bei Tag noch bei Nacht ablegen, selbst wenn sie durch Arbeit ganz durchnäßt ist.« »Um durch Schwächung des Körpers den Sieg über die Sinnlichkeit zu erreichen«, erlaubt der Abt nach Bitte weitere hilfreiche *Bekleidungsstücke*. Da wäre das »Haire«, ein härenes Hemd aus Ziegenhaar gewebt, welches zu »Buße oder Abtötung unter der Kleidung getragen wird«. Das »Silice«, ein Gürtel aus Eisenringen mit eisernen Spitzen, kann um den Oberschenkel gespannt werden und bereitet bei jeder Bewegung Schmerzen. Die Martine oder »Discipline« (Geißel) besteht aus »fünf gedrehten Zwirnfäden mit vielen harten Knoten.«

Schaurig-romantisch, dem damaligen Zeitgeist entsprechend, beginnt der Reisebericht von dem ungarischen Dechanten und

---

[3] Schlafsaal

Pfarrer Julius v. K. »Drei Tage bei den Trappisten« nach Banja Luka aus dem Jahre 1892.

> »Eine unaussprechliche Sehnsucht hatte mich immer zu den Zellen der bewunderungswürdigen Helden der christlichen Askese hingezogen, um mit eigenen Augen das lebende Grab zu sehen, in welchem die Trappisten wohnen, welche die Welt die ›lebenden Toten‹ nennt.« [1], p. 57

Es darf nicht unerwähnt bleiben, dass dieser Reisebericht mit höchstem Respekt und Bewunderung endet, für das Leben und Arbeiten der Trappisten und des Abtes. Es wird Bonaventure Baier gewesen sein.

Wirtschaften in Mariastern

Klöster unterhalten üblicherweise Betriebe und eine Landwirtschaft für den Eigenbedarf. Mühle, Brauerei, Weberei und Käserei sind gang und gäbe. Die Größe der Betriebe wird bewusst klein gehalten, um ohne Beschäftigung Externer auszukommen. Das könnte eine zu hohe Schnittmenge zu der »Welt« da draußen bedeuten. Nicht so in Mariastern. Alleine »1.500 Morgen Acker und Wiesen und über 2.000 Morgen Waldbestand« [41] wollen bewirtschaftet sein, wie auch die vielen sonstigen Betriebe.

Wie kam es zu der prosperierenden Wirtschaft von Mariastern? Zur Gründungszeit im Jahr 1869 unter türkischer Herrschaft liegen die Landwirtschaft und die Nutzung fortschrittlicher Methoden in Bosnien brach. Die fleißigen Trappisten bringen Know-How und Beschäftigung. Schon vor der finalen Annexion durch Österreich werden in immer größerem Umfang Lebensmittel und sonstige Waren benötigt. Das Kloster Mariastern stellt sich dieser Herausforderung und wächst stetig.

Anfang der 1880er-Jahre tritt *Pater Salesius* (⋆ 1827 in Wien) in den Orden ein. Bevor er Trappist wird, hat er eine recht bewegte militärische Vergangenheit. Es ist wohl »der Mann, der Mariastern fehlte«. Mit »seinen Talenten und Welterfahrenheit« wird Pater Salesius zum »Spiritus corrigens & dirigens« und steuert so die gesamte Geschäftätigkeit des Klosters. Nirgends stößt er auf Widerstand, seine Anweisungen werden befolgt. Sein Steuerungsinstrument ist eine gute Buchhaltung, die er für alle Industrien und größeren Betriebsstätten einrichtet. So hat er stets den finanziellen Überblick und steuert Mariastern wie ein modernes Unternehmen. Pater Salesius stirbt im Jahr 1907 [43].

Inzwischen hat Pater Anastasius die zentrale Buchhaltung übernommen. Die neue Verantwortung bietet ihm »viel Interessantes«. Den meisten Betrieben stehen Brüder vor, die gelernte Fachkräfte sind. So auch er als ausgebildeter und erfahrener Buchhalter. Die Verwaltung wird von zwei Patres geführt, einem Schaffner[4] und von ihm als Zentralbuchhalter.

»Zum besseren Verständnis erscheint es mir förderlich einen Status Quo zu geben von der Abtei Mariastern bevor Ausbruch des I Weltkrieges. – Personalstand – Besitzstand & die

---

[4]Verwalter im Kloster

Einteilung in die verschiedenen Erwerbsquellen.« [43]

Personalstand

»40 Chor-Religiose, 125 Laienbrüder, 40 Lehrlinge mit Lehrlingsheim, 200 Waisenknaben mit Waisenhaus, 50 Monatslöhner mit Unterbringung & Verköstigung, eigener Bau, 200 Tagelöhner von aussen mit Selbstbeköstigung«

Landwirtschaft

Zur Landwirtschaft hat Pater Anastasius eine differenzierte Meinung. Die Landwirtschaft im Nebenbetrieb wird seiner Meinung nach in Mariastern in der buchhalterischen Behandlung vernachlässigt. »Wenn alles versagt, die Landwirtschaft hält immer Stand, sie ernährt ihren Mann. Hoch die Landwirtschaft!«

Betriebe

»*Hochmühle:* 8 Walzenstühle, 2 Mühlengänge, 2 Plansichter, Höchstleistung der Vermahler jeden Tag 20 Tonnen Weizen; *Bierbrauerei:* Lagerkeller, Kühlanlage & Eisfabrik; *Tuchfabrik:* Spinnerei, 4 Jacquard-Stühle[5], Wollstoffe für Civil & Militär; *Baubetrieb:* Maurer, Falz-Ziegelei, Bau & Möbel-Modell-Tischlerei. Wagnerei, Fassbinderei, Böttcher; Buchdruckerei & Binderei.«

---

[5] Webstühle für feine Wollstoffe

Verwaltung

» 2 Patres als Schaffner[6] und Buchhalter beschäftigt. Kassierer, 1 Bruder. Einkauf, 2 Brüder. Personal und Zahlung, 1 Bruder«

Nachfolgende Begebenheit im Jahr 1910, ein Jahr vor seiner feierlichen Profess, trübt die letzten Jahre in Mariastern:

Pater Anastasius übernimmt die Zentralbuchhaltung. Gleichzeitig findet auch ein Wechsel im Schaffneramt statt. Der »Neue« war zuvor Jesuiten-Provinzial in Galizien. Pater Ladislaus, ein Pole, verweigert die Zusammenarbeit mit »dem« Buchhalter P. Anastasius, »diesem jungen Deutschen«. Die pan-slawistische Bewegung[7] hält Einzug in Mariastern! Die Mehrzahl der Ordensleute sind Deutsche, wie auch Abt Dominikus. Dieser Einfluss ist der Gruppierung ein Dorn im Auge. In weiterer Folge kommt der »Spiritus dirigens« nicht mehr wie unter Pater Salesius aus der Abtei selbst, sondern wird nach außen verlagert. Die Anweisungen kommen nun von dem Direktor der Landesbank, einem Kroaten und gutem Freund von Pater Ladislaus. Abt Dominikus verliert mehr und mehr den Einfluss über die Finanzen.

Mit der Annexion Bosniens im Jahr 1909 wächst der panslawistische Einfluss in Mariastern weiter an. Der Abt ist sich

---

[6] Verwalter im Kloster

[7] Der Panslawismus entstand zu Beginn des 19. Jahrhunderts als romantischer Nationalismus. Sein Ziel war die kulturelle, religiöse und politische Einheit aller slawischen Völker in Europa. [83]

dieser Situation bewusst, kann aber nicht dagegen ankommen.
Um die Situation um Abt Dominikus zu retten, benutzt Pater
Anastasius seine Buchhaltung als »scharfe Waffe« gegen den
Schaffner Ladislaus. Gemeinsam mit dem Generalkapitel erstellt Pater Anastasius einen »ausführlichen und genauen Bericht« an den Pater General. Für die Abtei gefährliche Speku-
lationen und unrentable Investitionen werden im Bericht auf-
gedeckt. Infolge wird der Schaffner zu einer hohen Bußgeldzah-
lung verurteilt, welche allerdings die Abtei leisten muss. Mit
dieser Aktion macht sich Pater Anastasius keine Freunde. Die
Geldbuße bekehrt den Schaffner Ladislaus jedoch nicht und
andere Fälle wiederholen sich, sogar mit strafbarer Handlung.
Um weitere, eventuell noch höhere Bußzahlungen durch die
Abtei zu vermeiden, nimmt Pater Anastasius sich zurück.

Es macht sich eine starke Strömung gegen Abt Dominikus
bemerkbar und die übermäßigen Auswüchse durch den Schaffner und Bankdirektor nehmen überhand. Die Gegner sind sich
ihrer Sache sicher und spekulieren darauf, dass Abt Dominikus bei dem bevorstehendem Generalkapitel abgesetzt wird
und machen keinen Hehl aus ihren Absichten. Pater Anastasius entscheidet sich erneut, nach oben zu berichten, mit Erfolg: Abt Dominikus Aßfalg wird nicht abgesetzt und sogar in
seinem Amt bestätigt. Pater Anastasius schreibt: »Es musste
durchsickern wie das gekommen war und ich kam immer mehr
in's schwarze Buch: Aus Liebe zum Abt blieb ich & machte
im folgenden Frühjahr auch feierliche Profess – Der politische
Wind in Bosnien und in der Abtei blieb derselbe & verschärfte
sich noch.« [41]
Hier zeigt sich, zu welch starker Persönlichkeit der frühere

Jakob Plein gereift ist, allerdings fühlt er sich in Mariastern nicht mehr wohl. Die Angriffe auf den Abt Dominikus gehen ihm nahe und das politische Klima widerstrebt ihm. Er entscheidet sich, zu den Kartäusern zu wechseln. Der Abt, darauf angesprochen, zeigt Verständnis und sagt: «Gehen Sie doch zu den Karthäusern, Sie haben Vermögen genug um vorerst Ihre theologischen Studien in Rom zu vollenden & dann treten Sie bei den Karthäusern ein.» Anastasius bleibt in Mariastern. Im August 1913 erhält er dort die Priesterweihe. Es soll aber noch 10 Jahre dauern, Kartäuser zu werden. Abt Dominikus legt 1920 sein Amt aus Altersgründen nieder und stirbt im Januar 1922 nach langer Krankheit.

Zurück in der »Welt«

Wie so oft hat der liebe Gott andere Pläne mit Pater Anastasius. Am Namenstag von Abt Dominikus, dem 4. August 1914, werden die deutschen Patres zum Wehrdienst als Feldgeistliche nach Deutschland einberufen. Sie verlassen die schützenden Klostermauern über die Vrbasbrücke in eine ungewisse Zukunft. [25]

»Der Mord des Thronfolgers Erzherzog Frz. Ferdinand am 29. Juni in Sarajevo überraschte keinen Einsichtigen auch nicht der Ausbruch des Krieges«, schreibt Pater Anastasius. [43]

Der Erste Weltkrieg hat begonnen!

Pater Anastasius' Weg führt nach Potsdam, wo er einige Monate bleibt. Onkel Klotz, der in Potsdam lebt und arbeitet, schreibt im September 1914 nach Speicher:

»P. Anastasius ist auch jetzt noch hier und ich bin täglich sein Meßdiener, Ihr könnt Euch wohl denken was das eine Freude ist. Er hat Euch ja gestern eine Karte geschrieben. Daß er aus dem östlichen Kriegsschauplatz kommt wißt Ihr ja schon aus meiner vorigen Karte. Er sagte mir wenn er glücklich aus dem Kriege zurückkehrte würde Er Euch bestimmt in Speicher besuchen.« [19]

Ende Januar 1915 schreibt Pater Anastasius aus Trier: »Trotz Stiefel und Sporen« ist er im Vereinslazarett der Barmherzigen Brüder in Trier, Nordallee beschäftigt. Er wird im Priesterseminar von den Barmherzigen Schwestern verpflegt. Wie lange er in Trier bleiben kann, ist ungewiss. In den kommenden Wochen kann er woandershin verlegt werden. [37]

Es ist nur soviel bekannt, dass er der *38. Landwehr. Infanterie. Division.* zugeordnet ist. Als Feldgeistlicher wird er im weiteren Verlauf des Krieges an der Westfront in Frankreich eingesetzt. Hier verlieren sich die Informationen. Mit keinem einzigen Wort hat Pater Anastasius in seinen Briefen und Schriften über seine Kriegserlebnisse berichtet.

Der Krieg ist zu Ende und Pater Anastasius ist nun vollends wieder in die »Welt« zurückgekehrt. Folgendes passiert:

>»Der Krieg war aus. Etwa 10 deutsche Trappisten konnten nicht nach dem neuen Jugoslawien zurückkehren, weil dieses Land die Einreise auf unabsehbare Zeit für Deutsche gesperrt hatte. P. Athanasius Merkle hatte die Verwaltung der Mariastern gehörenden Gelder in Deutschland in einer sehr hohen Gesammtsumme. - zum Jahre 1919 war die deutsche Mark schon sehr entwertet & fiel andauernd. Eines Tages, es war gegen Anfang Juli 19 erhielt ich einen Brief von P. Athanas. Er schrieb mir, was sollen wir machen? Das Geld entwertet immer mehr, mit Mariastern ist keine Verständigung möglich, an ein Zurückkehren nach Bosnien ist nicht zu denken & wir haben kein Unterkommen, sollen wir nicht in Deutschland eine Gründung vornehmen, damit wir wissen wohin. Zugleich frug er mich an, ob ich bereit wäre, mich an einer Gründung zu beteiligen & evtl. die Gründungsgeschäfte zu übernehmen.« [40]

Ein neues Kapitel in Pater Pleins Biografie ist aufgeschlagen, in dem Himmerod nun die zentrale Rolle einnehmen wird.

3. Himmerod

Wer kann besser über die Ereignisse Himmerods Wiederbegründung berichten, als jemand, der in den bedeutenden Jahren vor 1922 dabei war?

Dieses Kapitel stammt direkt aus der Feder von Pater Plein. Anlässlich der 800-Jahrfeier der Abtei Himmerod im Jahr 1938 schreibt er die Begebenheiten nieder, wie er sie aus seiner Sicht erlebt. [40] Das 42-seitige Typoskript liegt dem Familienarchiv vor. Im Rahmen dieser Arbeit wird lediglich Abschnitt II wiedergegeben (Seite 21 bis 42), über die Wiederbegründung von Himmerod.

Bewusst wird auf Korrekturen jeglicher Art verzichtet und der Bericht authentisch abgebildet. Zur besseren Übersichtlichkeit werden einige teilende Überschriften eingefügt und der Text an die Formatierung dieser Schrift angepasst. Am Seitenrand steht die korrespondierende Seite zum Original-Typoscript. Da einige Absätze in Eifeler Platt geschrieben sind, findet sich für den Unkundigen eine Übersetzung ins Hochdeutsche im Anhang, Kapitel B.

Der Beitrag beginnt mit diesem Vorwort:

»Hochwürdigster Herr Pater Abt!

Schon seit Jahren hatte ich vor, etwas zu schreiben als Beitrag zur Familienchronik meines Elternhauses in Speicher. Da ich das nun einmal schulde und immer noch zögerte, hat mir das 800jährige Jubiläum der Heimat- und Eifelabtei Himmerod so was wie einen Ruck gegeben. Ich bin nun schon seit geraumer Zeit an der Ausarbeitung meines Beitrages. Anfänglich wollte ich der Arbeit den Titel geben: *'Himmerod und das Eifeler Krugbäckerland'*. Für Himmerod wäre ein solcher Rahmen wohl zu eng, nicht aber für die gedachte Familienchronik speziell. Indes bin ich von dieser Inhaltsangabe wieder abgekommen. Ich fand nämlich hier in der grossartigen Bibliothek so reichhaltiges und interessantes Material, dass ich mich entschloss, die Arbeit zu erweitern zu einer Lokalgeschichte von Speicher und Umgebung (Heimatgeschichte der Südwest - Eifel). Es wird dies zwar keine erschöpfende Geschichte, sondern sie bleibt eben ein Beitrag zur Familienchronik, die aus meinen Forschungen ergänzt werden soll. Mein Vater hatte begonnen, über Speicher zu schreiben. Er hatte dazu ein gediegenes Fundament in seiner Scherbensammlung. In seinem diesbezüglichen Forschen hatte er sich einen Ruf erworben. Etwas davon habe ich auch von ihm gelernt.«

Mariastern, Mariawald vs. Marienstatt

Wer hat Himmerod zum 2 x gegründet?   *S. 21*
Mariastern? Mariawald? Marienstatt? *Keine* von allen drei-
en Abteien. Die Gründer sind 7 Bosniaken, einschließlich ein
gewisser »jedan«, der auch mit dabei war.

Warum ich Mariawald mit in Concurrenz ziehe? Vor einigen
Jahren muss in Mariawald so was wie ein Jubiläum gefeiert
worden sein. Die Jubiläumsschrift kam durch P. Franziscus
(früher Prior i. M'wald) auch in meine Hände. Zu meinem
Amusement las ich darin, dass M-wald auch die Gründung
von Himmerod zu seinen Leistungen rechnete. Tako!

—

Mariastern?
Mariastern war von vornherein Gründerin von Himmerod,   *S. 22*
ist es geblieben trotz allen Schwankungen, Widerrufen, Dro-
hungen, Wiederbeanspruchungen bis zum Moment, wo es ge-
zwungen war, seine Gründungsgelder zurückzufordern.

Wie ist das gekommen?
Die Geschichte ist der Hauptsache nach ja bekannt, aber
nicht so, wie ich sie jetzt so kurz wie möglich berichten will,
nachdem beinahe 20 Jahre hinter uns liegen & eine ruhigere
Beurteilung somit erleichtert.

Der Krieg war aus. Etwa 10 deutsche Trappisten konnten
nicht nach dem neuen Jugoslawien zurückkehren, weil dieses
Land die Einreise auf unabsehbare Zeit für Deutsche gesperrt

hatte. P. Athanasius Merkle hatte die Verwaltung der Maria-stern gehörenden Gelder in Deutschland in einer sehr hohen Gesammtsumme. - Bis zum Jahre 1919 war die deutsche Mark schon sehr entwertet & fiel andauernd. Eines Tages, es war gegen Anfang Juli 19 erhielt ich einen Brief von P. Athanas. Er schrieb mir, was sollen wir machen? Das Geld entwertet immer mehr, mit Mariastern ist keine Verständigung möglich, an ein Zurückkehren nach Bosnien ist nicht zu denken & wir haben kein Unterkommen, sollen wir nicht in Deutschland eine Gründung vornehmen, damit wir wissen wohin. Zugleich frug er mich an, ob ich bereit wäre, mich an einer Gründung zu beteiligen & evtl. die Gründungsgeschäfte zu übernehmen.

Ich brauchte garnicht lange zu überlegen. Ich war mir schnell klar über die Situation. Gründen auf eigene Faust, ohne Er-laubnis & Auftrag der Ordensobern, war eine heikle Sache. In normalen Zeiten einfach unmöglich, im Moment aber durch-aus berechtigt. Ich sagte mir, gründen wir ohne Auftrag & Erlaubnis so kann das als ein Fehler ausgelegt werden,

2.) Lässt man eine weitere Entwertung des Geldes in solcher Summe zu, wo der Geldwert in Realwert durch eine Gründung gerettet werden könnte, ist das auch ein Fehler und kein ge-ringer.

Ich hielt den letzten Fehler für den grösseren, der musste unterbleiben & schon andern Tages schrieb ich an Athanas. Ich bin durchaus für eine Gründung & bereit die Gründungs-geschäfte zu übernehmen.

Bald reiste ich nach Bayern. In München trafen wir uns, Athanas, Vitus & ich. Wir gingen zum Notar, teilten diesem unsere Absicht mit. Gründen? ja, womit? Athanas war Ver-

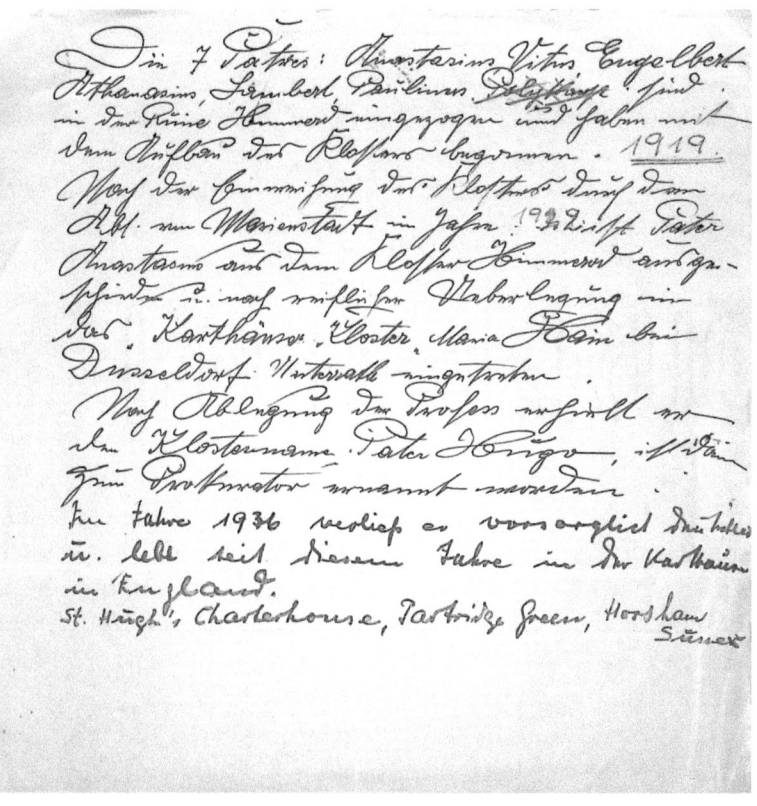

Abbildung 3.1.: Die Sieben Patres in Himmerod, 1919

walter, nicht Besitzer der Gelder. — Die Eigentumsfrage war indes bald gelöst. Wir hatten einen sehr klugen und vernünftigen Juristen gefunden, dem es bald plausibel war, dass er unter solch' außerordentlichen Zeitverhältnissen als Staatsbeamter uns Eigentumsrechte über das Geld einräumen konnte, denn sonst wäre eine Gründung „auf eigene Faust" von vornherein gescheitert.

Im Wesentlichen besagte die dann ausgestellte Urkunde, dass P. Anastasius (Jakob) Plein mit den Gründungsgeschäften beauftragt ist, wodurch implicite eine Verfügung der Gelder mit einbegriffen war, was ausdrücklich hervorzuheben der Notar vermeiden wollte.

Wir beratschlagten dann über weiteres Vorgehen. Man dachte zunächst an eine Gründung in Süddeutschland & begaben uns von München zur ehemal. Cistercienser-Abtei Fürstenfeldbruck. Eine grossartige Abtei gehörte dem Fiskus & war vollständig erhalten, ein riesiger Gebäudecomplex mit einer prachtvollen Kirche.

Der Fiskus hatte vor dem Kriege noch grosse Bauten hinzugefügt & sollte das ganze Anwesen verkäuflich sein. Die Absichten auf diese Abtei, weil allzu gross & wohl mit entsprechender Verkaufssumme wurden aufgegeben.

Ich reiste daraufhin zurück nach Speicher. Die P.P. in Süddeutschland verhandelten mit Frh.v. Clamer-Clett wegen Erwerbung einer geeigneten Gründungsstelle.

Inzwischen war der Briefverkehr mit Bosnien freigegeben — Wie es kam, weiss ich nicht. Der Abt von Mariastern kam nach Deutschland er wollte seine Leute zurückhaben, man kann das verstehen, war aber nichts zu machen. Der Abt von Mariawald,

S. 25

86

als zuständiger Immediatus reiste auch hinunter. Die Sache ging so aus, nolens-volens musste der Abt von Mariastern seine Zustimmung zur Gründung geben & bewilligte 1/2 Million Mk. für den Ankauf & bestätigte mich als Geschäftsführenden. Bei allen diesen Verhandlungen war ich selbst nicht beteiligt. — Um das zu erreichen, was erreicht wurde, war schon ein Athanas. erforderlich. Wie er es erreichte, ist sein Geheimnis.

Der Kauf von Himmerod

Die Suche nach einer Gründungsstelle in Süddeutschland wollte nicht zum Klappen kommen. Eines Tages erhielt ich einen Brief vom Athanas. Er schrieb mir von der Ergebnislosigkeit da unten & frug mich an, ob denn nicht in Himmerod etwas zu machen sei, dass müsste ich doch kennen weil es nicht weit von Trier läge. Ja, Himmerod kannte ich von früher Jugendzeit an, Ruinen nichts wie Ruinen, aber Himmerod hatte einen guten Namen in der Geschichte des Cistercienserordens. Ich muss gestehen, der Gedanke an Himmerod war mir bisher nicht einmal in den Sinn gekommen.

Auch hier war es Athanas wieder, der den Anstoss gab. Ich griff die Idee freudig auf. Ich hätte nicht der Sohn «des Töpfermeisters in der Eifel» sein müssen, um nicht vor Freude aufzujubeln. — Indes meinen Confratres gegenüber verbarg ich diese Stimmung, denn in Himmerod anfangen schien mir doch reichlich schwierig. Mein Vater, der für alles Altertümliche sich begeistern konnte, sprach oft von den herrl. Bauwerken in Himmerod, Helenenberg wo Ruinen waren. Die Begeisterung für Himmerod hatte er mir schon als Kind eingeflösst.

Die Zeit wurde mir schon recht lang bis ich Himmerod sehen sollte. Sie kam & der Eindruck den ich empfand war Ehrfurcht & Staunen.

Wie ein Märchen wirkte das Kloster mit seinen Ruinen im stillen Salmtal auf mich. Mich zog's immer nach Himmerod & als das Radfahren aufkam, waren meine Besuche in Himmerod häufig. Selbstverständlich kein Besuch des Klosters ohne Einkehr bei Zils I & II. Ich kannte beide von Jugend an. — Und wie lauschte ich, wenn sie von Himmerod erzählten. Sie kannten es besser wie irgend jemand in der Eifel, sie waren im Wirtshaus vor dem Kloster geboren.

Das Wirtshaus war noch vor der Säkularisation von den Mönchen auf Rechnung ihres Vorfahren, namens Zils aus Metternich am Rhein gebaut worden. Dieser Zils hatte einen Bruder, der Pater in Himmerod war, soviel ich weiss, war er bei der Vertreibung Prior. *S. 2*

Diese beiden Zils waren eine lebendige Tradition, bildeten die Brücke vom alten zum Neuen Himmerod. Am liebsten hörte ich Zils I zu. Er sprach das unverfälschte Eifler Platt, der Hannes, während Zils II, das Hannichen schon mehr von der Kultur beleckt, „herrsch" zwischen das Platt mischte. Hannes war ernst aber sehr gutmütig, wie Hannichen auch, aber Haanes war urwüchsiger, der echte Eifeler, er sagte mir mehr zu.

Hannichen war seinem Naturell nach freundlicher wie der ernste Haanes. Beide hatten Wirtschaft & suchte einer den anderen zu überbieten, man nannte sie deshalb auch die feindlichen Brüder. Hannichen hatte eine gut gepflegte Anlage, dicht

Abbildung 3.2.: Ruine Himmerod von Adolf Röder, 1933

am alten Klostergemäuer & damit dem Haanes etwas voraus. Das durfte nicht so bleiben & Haanes bestellte in Düsseldorf eine grosse Marquise /: das war das einzige Wort, das er hochdeutsch aussprach/:/ & als diese angebracht war, überschattete sie vorn die ganze Giebelseite 4 m breit. Es sass sich sehr gut darunter mit dem freien schönen Ausblick das Salmtal gegen Eichelhütte hinauf. Durch diese Attraktion hatte Haanes wieder das ausgeglichen, was Hannichen voraus hatte & dem Hannichen war die Marquise ein Dorn im Auge.

Bei unseren Himmeroder Ausflügen, die gewöhnlich in den Sommer fielen, hatte man immer Durst genug, beide Wirte zu befriedigen. Erst ging's hinunter in die Ruinen; jedesmal eingehend Besichtigung, in alle Winkel, Keller, auf die Mauern geklettert & hatte man sich satt gesehen, dann zu Zils I, er musste vom *Hammerter Kluuster* erzählen & dann zu Zils II, der dann auch wieder erzählte. Die Speicherer waren gute Gäste & die Wirte waren aufmerksam gegen uns. Gewöhnlich wurde es dann spät & wenn der Vollmond erst in die Anlage schien, fiel die Trennung immer schwerer. Mitternacht wurde es meistens, wenn man per Rad über Schwarzenborn, Spang, Binsfeld, Herforst in Speicher ankam, ein Weg, den ich in der ersten Gründungszeit unzählige Male bei jeder Tag- & Nachtzeit zurücklegte. Wie oft habe ich dabei meine Knochen im Strassengraben gesammelt, wenn ich bei fehlender Beleuchtung mit einem Fuhrwerk zusammenprallte oder ein Baum mir im Weg war. — Ich habe mich nie dabei verletzt, auch später nicht als ich 2 x in Lebensgefahr geriet, einmal in grosse & wenn ich heil davon kam, waren es wohl die Himmeroder Heiligen, die mich beschützten.

Einmal bei einem Ausflug sagte ich dem Haanes: *Herr Ziels, et ass eewer schåd, datt daat Kluster äsu lääjen bläwt unn neet mi obgebaut geet. Jå, sagte er, daat ass et ooch. Sein daan nooch går keen Aussiechten dafür? Bees äwäl hood ma nooch näist gehärt. Se säon ewer, wann de Bierken ob de Måren oonfänken ze woossen, doan hood deen, dean ätt obbaut schnungs ann der Weech gelähen. Su? sagte ich, jå su sån se.*

Ein Jahr später, es war wohl im Jahre 1903, als wir wieder aus den Mauern zurückkehrten & ich aufmerksam gemacht auf die Birken diese allenthalben gewahrte, sagte ich zu Haanes: *Herr Ziels, et wossen ewn äsu viel Bierken ob de Måren, ma soll säen et wär Zeit, datt ett obgebaut giev. Aja antwortete Haanes, et schängt mir ooch, Dolätzt wåren Påtteren hä, se moossen vom Westerwald sein de wollten ett keaffen et ass'en ewer noch zu där. De Gräf fordert noch zeviel. O' wie schåd* S. 25 sagte ich.

Es war wohl das letzte Mal, dass ich vor meinem Klostereintritt in Mariastern in Himmerod war.

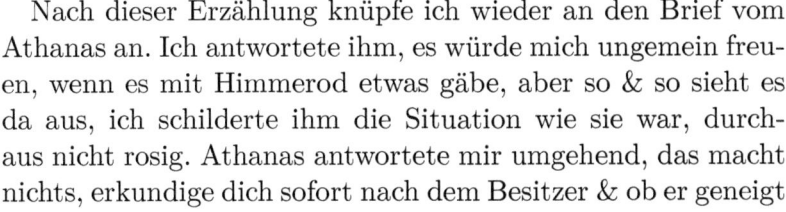

Nach dieser Erzählung knüpfe ich wieder an den Brief vom Athanas an. Ich antwortete ihm, es würde mich ungemein freuen, wenn es mit Himmerod etwas gäbe, aber so & so sieht es da aus, ich schilderte ihm die Situation wie sie war, durchaus nicht rosig. Athanas antwortete mir umgehend, das macht nichts, erkundige dich sofort nach dem Besitzer & ob er geneigt ist, zu verkaufen.

Es war 25. Juli an Jakobstag. Ich hängte mich sofort ans

Telefon & rief Schloss Kesselstatt an. Ich hatte bald Verbindung: „Hier Schloss Kesselstatt" - Hier Pater Plein, Speicher,
ich wünsche den Herrn Grafen selbst zu sprechen, Bin selbst
am Apparat." — Herr Graf, ich bin beauftragt, bei Ihnen an-
zufragen, ob sie geneigt wären Ihre Besitzung das Kloster Himmerod zu verkaufen. — Ohne weiter zu überlegen, erwiderte
er; ich komme morgen zu Pferde nach Speicher, wo kann ich
absteigen & vorsprechen? — Bei der Fa. Plein-Wagner Söhne, Stallung vorhanden. So ist ja schön, ist das da wo die alte
Topfsammlung ist? Ja, ja, ich bin ein Mitglied dieser Familie.
Also erwarten Sie mich morgen nachmittag gegen 3 Uhr.

Andern Tags war St. Anna, der Namenstag meiner Nichte,
der späteren Schwester Notburgis. Sie hatte mich & den Herrn
Stadtpfarrer Rieff von Speicher bereits zum Namenstagskaffee
eingeladen. Ich ging hinauf & sagte ihr: *Annchen, ett kinnt ä
Gaast mi. - Wen daan? De Gråf von Kesselstatt - Ä Gråf? Jä,
ä Gråf! – O' Leit her, woat maachen ich daan?* sagte sie in der
Verlegenheit, *Jå woat sollste daan maachen? De stäals a Stool
& Taas mi hin, maja a gooden Kaffi mat Schlagsaan & Tårt
& waat de hås.* Diese Feier kam ganz gelegen für den Empfang
des Grafen.

(Gleichzeitig mit Annchen trat später eine 2.te Tochter des
Grafen bei den Borromäerinnen in Trier ein.)

Pünktlich 3 Uhr andern Tags kam der Graf angeritten. Es
stand ein Mann bereit das Pferd in Empfang zu nehmen & unterzubringen. Ich lud den Herrn Grafen zum bereitstehenden
Kaffee ein, was er dankend annahm. Es wurde daraufhin ver-
handelt. Der Graf erklärte sich bereit zu verkaufen, ich erkun-
digte mich nach Grösse des Areals, erbat Katasterzeichnung.

Und der Graf wollte wissen, wie bei einem Zustande-Kommen des Geschäftes die Zahlung erfolgen könnte; ich konnte ihm die Zusicherung geben, prompt sofort nach Eintragung in's Grundbuch. Damit zufrieden verabschiedete er sich. Nach einigen Tagen traf die Katasterzeichnung ein; ich wollte sofort nach Himmerod zur örtl. Besichtigung bevor ich an Athanas berichtete.

Durch einen benachbarten Pfarrer wollte ich die Suche mit Himmerod einleiten, sprach mit Pfarrer Rieff, den ich zum 1. Besuch mit einlud darüber, worauf er sagte, fahren wir zuerst zum Pfarrer von Eisenschmitt. Rite wäre es gewesen, wenn wir zuerst zum Ortspfarrer dem Grosslittgen hingereist wären; aber es sollte so sein. Pfarrer Gilles von Eisenschmitt war da geeigneter, ganz anders wie der Grosslittgener Pfarrer Schubach. — Ohne uns anzumelden fuhren wir mit der Kutsche von Speicher so ab, dass wir gegen 2 Uhr in Eisenschmitt waren. Und die Freude von Pfarrer Gilles, als er hörte, was wir wollten. Wir wollten sofort weiter mit ihm nach Himmerod, half nichts. Der beste wurde erst aus dem Keller geholt und dann nach Himmerod. — Hinunter in die Ruinen. Wie ich mich freute das alte Himmerod wiederzusehen und welche Veränderung seit meinem letzten Besuch vor etwa 15 Jahren, heute im Cistercienser Habit. — Viel hatte sich nicht verändert. Die Birken waren grösser geworden, aber der schöne Springbrunnen mit der grossen Schale war verschwunden. *S. 26*

Nun zu Zils I. Zunächst sagte ich nichts, es wäre ja zuviel verlangt gewesen, dass er mich noch kennen sollte & dann als Pater. Dann konnte ich nicht mehr zurückhalten:

Herr Ziels, Dir kähnt mich g'wass net mi? - Er schaute mich verdutzt an. Ein Pater, und der spricht platt. *Nä, sagte er, ich weas net wen Dir seid; Dir modh ewer elä aons der Gäjend sein, ich hären et ooner der Spräch, e lä von der Gäjend voo Speicher herum.* Stimmt, sagte ich und *weast Dir net mi, wi mer für 15- 20 Jahren mat de Rädern kummen & Dir ears erzeeahlt hood von de Birken. De säin ewähl hisch genorg, et kommenerum Pätteren. O' Leit' her ass et mijelich? Jä, Jä ich sein e su good wie beoordet et ze Keafen. Ser..., daat Dir ears an et Kluster gingt, daat kaan ich net begreifen* & kopfschüttelnd ging er in den Keller um etwas Feuchtes heraufzuholen. Immer schüttelte er noch mit dem Kopf als er zurück kam & wiederholte: *Z'leewen net hädh ich gloaft, dat Dir an et Kluster gingt.* — Lange unterhielten wir uns noch & Pfarrer Gilles, dem selbst alles noch wie ein Traum vorkam, er war ein begeisterter Freund von Himmerod & Pfarrer Rieff liessen die Unterhaltung nicht zu Ende kommen. Indes wir mussten uns einstweilen hier verabschieden & zu Hannichen & da dieselbe Scene mit dem Unterschied, dass Hannichen die ganze Unterhaltung »*herrsch*« führte, während ich - platt sprach, was allerdings komisch wirkte.

Nach der Rückkehr nach Speicher konnte ich dem Athanas über den Befund Bericht erstatten, denn ich war im Bilde.

Bei der Beurteilung der Gesammtkloster-Anlage durfte man sich nicht zu sehr beeindrucken lassen durch die Ruinen, denn dieser Eindruck war ein ganz übler, man musste das Gesammte in's Auge fassen, dann kam man zu folgendem Werturteile:[1]

---

[1] Schon lange vorher, vielleicht schon gegen Ende des Krieges hatten die Olenberger schon ein Auge auf Himmerod geworfen, weil ihre Abtei

I ideale Werte, die nicht zu unterschätzen waren: Himmerod hatte im Cistercienserorden wegen der Heiligkeit so vieler Mönche, die alle Jahrhunderte hindurch dort lebten, den besten Namen, ein guter Ansporn für die Nachfolger. Himmerod hat eine einzig schöne & typische Lage für eine Cistercienser-Abtei.

II Materielle Werte: Selbst die Mauern als Ruinen boten noch Vorteile. Wenn das lose Mauerwerk abgetragen war, blieben immer noch beträchtliche Mauerstümpfe, die schon einen grossen Anschaffungswert hatten. Und weil direkt auf das verbleibende gute Mauerwerk aufgebaut werden konnte & schon musste, war eine Planung für die bauliche Anlage von vornherein gegeben. Auf jeden Fall waren die Ruinen vorteilhafter, wie wenn garnichts dagestanden hätte.

Grösse der Bodenfläche: Himmerod mit Altenhof, 346 Morgen davon 200 Morgen Wiesen dazu der Himmeroder Kessel, ca. 300 Morgen, zusammen rund 650 Morgen, mehr als wir

S. 27

---

zerschossen & das Vordringen der Franzosen die deutschen P P. vertrieb. — Als der Beauftragte P. Eisvogel Himmerod besichtigt hatte, meldete er seinen Obern —Älles Ruinen & zerstört in Himmerod, was vorhanden ist, sind einige Schweineställe". Er hatte sich zu sehr beeindrucken lassen durch die Ruinen, er war dabei stehen geblieben, ohne sich Zeit zu lassen, ein Urteil zu bilden über die Gesammtanlage, wie ich es getan & hier anführe, dann wären sie den Mariasternern zuvor gekommen & hatten dort Fuss gefasst. — Später, als sie einsahen, welches Fiasko sie mit Banz gemacht hatten & sie eingesehen hatten wie kurzsichtig Eisvogel Himmerod beurteilt hatte, gab Abt Franziskus von Olenberg, der sich in Mariawald aufhielt, sich nicht wenig Mühe, die Ölenberger mit den Mariasternern in Himmerod unterzubringen.

Geld hatten zu bezahlen, weshalb leider der Kessel nicht mitgekauft werden konnte.

Zuletzt die durch die alten Mönche gemachten Bodenbewegungen, die bedeutender sind, als man sich dies für den 1. Anblick vorstellt. Man schaue sich die Terassen an innerhalb der Clausurmauer dann die Anlage von 5-6 grossen Fischweihern etc. der Mühlenteich, einerlei ob er von den Mönchen oder bereits von den Römern angelegt worden war.

So summarisch beurteilt, war die Lage in Himmerod garnicht so ungünstig, indes in meinem Bericht wollte ich die Vorteile nicht zu sehr betonen. Meine Confratres sollten sich selbst durch eine örtliche Besichtigung ein Urteil bilden & ich lud zunächst P. Athanas ein zu einem Besuch.

Von nun an wurde Speicher bis in den Winter hinein Absteigequartier von so manchen Besuchen der Confratres & auch Interessenten von anderer Seite.

P. Athanas konnte nicht sofort kommen, schrieb mir aber auf meinen Bericht: »**sofort kaufen**«!

In nächster Zeit trafen ein die P.P. Athanas, Vitus & Polycarp, in welcher Reihenfolge weiss ich nicht mehr. Zwischendurch verhandelte ich mit dem Grafen. — Er forderte 1.200.000 incl. Himm.Kessel.

Da das verfügbare Geld nicht reichte & der Himmeroder Bering & Altenhof mit 346 Morgen zu genügen schienen wollte & hat man um die Kaufsumme zu verringen auf den Kessel verzichtet, jedoch unter der Bedingung, dass wir als Ankäufer Vorkaufsrecht darauf behielten, was auch bewilligt wurde, Für den Rest forderte er immer noch 750.000,- Mk eine grosse Zahl, indes bei der entwerteten Mark vielleicht nur 1/3 nach

Friedensvaluta. Es war aber noch zuviel.

Dass der Graf verkaufen wollte & musste, war mir bekannt, denn er brauchte Geld als Mitgift für seine älteste Tochter, die mit einem Grafen Spee verlobt war & vor der Hochzeit stand. — Wenn die Sache nicht so gedrängt hätte, man hätte das Anwesen viel billiger bekommen für den Fall, das man den – Verkäufer etwas hätte zappeln lassen wollen. — Ich merkte, dass er unbedingt verkaufen wollte & von seiner Forderung bedeutendes streichen würde. Gegen Mitte September schrieb ich Athanasi kommt, wir wollen den Ankauf abschließen. Am 20. Sept. od. 21. trafen dann in Speicher ein die P.P. Vitus, Athanas & Symphorian.

/: Alle deutschen P.P. waren für eine Gründung, wer sich nicht anschloss, war P. Longin Pinkes aus Magdeburg, von dem ich einen Schmähbrief erhielt, der ihn selbst charakterisierte:/ Wir fuhren folgenden Tags zur Besichtigung nach Himmerod. *S. 28*

Ich gab an Ort & Stelle meine Erklärungen - fügte aber hinzu: Schaut Euch selbst alles gut an & entscheidet. Als wir Himmerod verliessen, war der einstimmige Entschluss gefasst: *»Wir kaufen«*.

Andern Tags fuhren wir mit der Kutsche nach Dodenburg, Schloss Kesselstatt zum Grafen. Die Verhandlung dauerte nicht lange & man einigte sich auf 500.000,- Mk.

P. Athanas & Symphorian reisten wieder ab. Mit P. Vitus begab ich mich nach Trier zu Bischof Korum der aber schon Bescheid wusste. Er, der Bischof, der Reg.-Präs. von Trier & noch ein 3. bildeten das Collegium der Agnaten-Vertretung vom Gräfl. Fidei-Comiss, ohne deren Einwilligung der Graf nicht verkaufen durfte.

Der Bischof freute sich nun sehr, dass das Himmerod seines grossen Vorgängers Albero, wie er sich ausdrückte, wieder erstehen sollte & betonte, dass er sich besonders freue, dass es Trappisten seien, die dort einzögen. So war die Stimmung des Diozesen-Bischofs damals gegenüber Trappisten, die bekanntlich vollständig umschlug, nachdem man von Mariastern aus ihn gerade zu dazu zwang. Wie leicht hätte diese Abtei es gehabt, Eingang in die Trierer Diözese zu finden & hat es durch sein Verhalten verscherzt. Später als man Himmerod durchaus haben wollte, holte man sich eine Abfuhr nach der andern, denn Bischof Korum war nicht der Mann, der sich missbrauchen liess. — Diese Stellungnahme Korums gegen Trappisten galt auch später als es hiess: »Echt kommt Auto«.[2]

Schwerer Start

Nach getätigtem Kauf konnte nun mit den ersten Instandsetzungsarbeiten begonnen werden.

Die sich bietenden Schwierigkeiten der Gründungsarbeiten selbst waren nicht grösser wie anderswo auch, wo man zu gründen beginnt. Dazu lag eine 4jährige Kriegszeit hinter uns. An Strapazen hatte man sich gewöhnt. — Die »Landsknechtszeit« kam einem sogar zu statten, denn wer etwas Talent dazu hatte, konnte sich zum »Haudegen« ausbilden, eine Eigenschaft, die mir in jener Zeit im Kampfe gegen feindliche Elemente «on tout genre« sehr zu statten kam.

---

[2] siehe Seite113

So reizend die mir gestellte Aufgabe war, ebenso durchwachsen & gepfeffert war sie mit Unannehmlichkeiten aller Art.

Etwas erschwert wurden die Arbeiten, weil Himmerod abgelegen war, nichts bei Hand & alles weit hergeholt werden musste. — Handwerker aus Wittlich & Grosslittgen unternahmen die Wiederherstellungsarbeiten im Pfortenhaus als erste & Notunterkunft. Fast die Hälfte dieses Hauses hatte der Pächter Stolz noch 2 Jahre hindurch in Benutzung. Andere Pächter waren, Wagner auf dem Altenhof & ein Müller aus Eisenschmitt, der die alte Mühle gepachtet hatte, diese aber wieder an eine Emigrantenfamilie unterverpachtet hatte. — Bei der Ablösung der Pächter war schon etwas gefällig. Stolz & Wagner stemmten sich & wollten nicht so leicht weichen. Diese beiden hatten bei der Kurie in Trier eine Anklageschrift, aufgesetzt durch die Grosslittgener gegen mich eingereicht. Gen.-Vicar Tilmann, der mich persönlich kannte, machte wenig Wesen daraus, denn er kannte solche Leute. — Wie die Grosslittgener sich gegen die Neugründung benahmen, ist genügend bekannt. Sie wurden nicht nur von ihrem Pfarrer Schubach dabei unterstützt, sondern er leistete direct Vorspanndienste, die seine Pfarrkinder ihm aber später schlecht vergolten.

Eingeleitet wurde der Kampf mit der Bevölkerung durch folgendes Begebnis: *S. 29*

Nach Vereinbarung & wie auch die zu Grunde liegende Katasterzeichnung aufwies, hatte ich 346 Morgen gekauft. Diese Ziffer haftete mir so fest im Gedächtnis, dass jede nachträgliche Abänderung mir sofort auffallen mußte.

Bevor der notarielle Akt getätigt wurde, erhielt ich eine Abschrift der Urkunde & da standen nur 342 Morgen die ich gekauft haben sollte. »Nee Herrschaften, da mache ich nicht mit.« - Ich entdeckte auch gleich den Abstrich; es fehlten 4 Morgen Wiesen oberhalb der Eichelhütte!

Ich begab mich zum Grafen & machte ihm Vorhaltungen und so unterschrieb ich den Akt nicht, ich hätte 346 & nicht 342 Morgen gekauft. Der Graf wurde kolossal verlegen, tat als wenn er vom ganzen Vorgange nichts wüsste, schob die Schuld auf die Verwaltung. — Und als er den Unwissenden mimend in Föhren telefonisch anfrug, erhielt er den Bescheid, ja das wären doch die 4 Morgen Wiese, die kürzlich an Hüls in Eichelhütte verkauft worden wären.

An & für sich steckte ja nicht so viel in diesen 4 Morgen Wiesen & wenn man offen & ehrlich dabei vorgegangen wäre, hätte ich schon mit mir verhandeln lassen, aber aus dem bereits festgelegten Wertobjekt etwas herauszuverkaufen & zu vertuschen, dafür war ich nun ganz und gar nicht zu haben. Ich musste durch eine entschiedene Ablehnung zeigen, mit wem man es zu tun hatte & der Verkauf an Hüls musste rückgängig gemacht werden. Das hat mir Hüls nie verziehen, wohl bis zur Stunde nicht. — Und solange ich in Himmerod verblieben wäre, hätte Hüls diese Wiesen nie & nimmer bekommen. Hüls rechnete von da ab nicht mehr zu den Freunden Himmerods, stand vorher auch mit den Grosslittgener auf gleicher Linie, ich persönlich hatte bei ihm verspielt, was mir hinterher ganz »pipe« sein musste. Manch ähnliche Vorgänge haben sich in der ersten Verwaltungszeit wiederholt.

All diese Schwierigkeiten wären erträglich gewesen, wenn Schwierigkeiten anderer Art & zwar von Seiten der Abtei Mariastern unterblieben wären. So etwa ein Monat nach getätigtem Kauf, als man in Himmerod schon am reparieren war, traf plötzlich ein Telegramm vom Abt in Mariastern ein:

»Alles im Stich lassen, sofort noch Mariastern zurückkehren, Dominikus«

Das war schnell gesagt. Erstens war es unmöglich, so ohne Weiteres Himmerod preiszugeben, 2) ebenso unmöglich um diese Zeit nach Mariastern zurückzukehren, denn als P. Longin, Mgdbg. & Brd. Joh. Evangel. aus Müden es versuchten, kamen sie nicht weiter wie bis Wien, wo sie wieder umkehren mussten.

Ich fuhr mit dem Telegramm nach Trier, um den Rat von Bischof Korum einzuholen. Er schüttelte zunächst den Kopf und sagte dann: »Pater, bleiben sie, schreiben sie an ihren General & schildern sie ihm die Situation.« Ich befolgte diesen Rat, schrieb an P. General, dass wir mit Erlaubnis des Abtes gegründet hätten, schon die Wiederherstellungsarbeiten begonnen & eine Rückkehr überhaupt unmöglich sei.

Gleichzeitig berichtete ich nach Mariastern, dass ich an den General appelliert habe & bis zu Entscheidung von höchster Ordensstelle nichts verändern würde. M'Stern war durch diese Appellation bis auf Weiteres »schachmatt« gesetzt, musste ebenfalls die höhere Entscheidung abwarten. Diese wurde aber auf die lange Bank gezogen & fiel beim nächsten Gen.Kap. ganz gegen den Willen Mariastern's zu Gunsten Himmerods *S. 30* aus. — Himmerod hiess es, bleibt bestehen. War der Appell an den General für Mariastern schon ärgerlich, so schlug die Entscheidung des Gen.Kap. dem M'Sterner Fass vollends den Boden ein.

Mit dieser Feststellung habe ich nun den Ereignissen vorgegriffen. Nach erfolgtem Appell wurde in Himmerod unverzagt weitergearbeitet. Inzwischen wurde in Trier der notarielle Akt getätigt, der Besitz zunächst auf meinen persönl. Namen überschrieben, mit der Auflassung dass nach Gründung des Vereins der Besitz auf diesen überschrieben werden sollte.

Der Verein »Kloster Himmerod« e.V. wurde um diese Zeit gegründet. 1. Vorsitzender & Präsident desselben wurde ich; P. Vitus 2. Vorsitzender & Stellvertreter, dann wurde noch eine Reihe geistl. Herren & Laien als Mitglieder aufgenommen.

Nach Neujahr traf P. Vitus zum dauernden Aufenthalt <u>für</u>, nicht in Himmerod ein. <u>In</u> Himmerod gab's damals noch kein Plätzchen, wo wir unsere Häupter, die zu grauen anfingen, hinlegen konnten. Wir beide wohnten bis auf weiteres & noch längere Zeit bei Pfarrer Gilles in Eisenschmitt, diesem so liebenswürdigen Gastgeber & grossen Wohltäter in der Wiegenzeit des neuen Himmerods. Sonntags war P. Vitus irgendwo als Aushilfe & ich fuhr jeden Samstag nach Speicher, um in Beilingen die hl. Messe zu lesen. Für mich blieb das so noch ein ganzes Jahr hindurch.

Eines Abends als wir recht gemütlich im oberen warmen Stübchen bei Pfarrer Gilles zusammen sassen, es war in den ersten Januartagen, trat Bäb'chen die Schwester von Pfarrer Gilles in' s Zimmer reichte mir die Trierische Landeszeitung, zeigte auf eine Annonce & sagte, lesen sie das einmal:

Da stand schwarz auf weiss gedruckt: (Worte weiss ich nicht mehr genau aber sinngemäß)

»Gewarnt wird vor Schwindlern die angeblich für die Abtei Mariastern Gelder in Deutschland sammeln, dieses aber verwenden für den Aufbau eines Klosters in Nähe von Trier, dafür aber nicht befugt sind von ihren Ordensobern. Abtei Mariast. B./Banja-L i.Bosn.«

Das war starker Tabak, wahrscheinlich die Antwort auf meinen Appell an P. General.

Was hat Mariastern mit dieser Annonce, die es gleichzeitig in den meisten deutschen kathol. Ztgen eingereicht hat, erreicht?

Abgesehen von dem vielen Gelde was das kostete (denn die deutschen Wohltäter spendeten ja reichlich & auch gewiss zu solch erhabenen Zweck,) machte es sich unsterblich lächerlich & blamierte nicht nur uns, sondern sich selbst am meisten.

— Alle in Frage kommenden Behörden wussten, daß wir mit Erlaubnis von Mariastern begonnen hatten. Stutzig musste allerdings jeder werden der das las.

Hatte Bischof Korum schon beim Telegramm aus M'stern das uns zurückrief, den Kopf geschüttelt, so genügte diese Annonce, um ihn vollständig von Mariastern & den Trappisten abwendig zu machen.

Wer war in Mariastern der Urheber dieser schmählichen Sache? — Ich halte den alten Abt nicht für so »sch—zig« anders *S. 31* kann man das doch nicht bezeichnen, auch habe ich seinen Nachfolger nicht im Verdacht, ein anderer, den ich aber nicht näher bezeichnen will & dessen Charakter mir nur zu gut bekannt war, halte ich für den Urheber.

Und die moralische Wirkung unter uns selbst?

Meine Confratres, die sowieso schon nach Marienstatt neigten, wurden ebenfalls durch den Stellungswechsel von Korum in ihren Absichten bestärkt. Ich konnte unter den gegebenen Umständen ihnen das nicht verübeln, selbst konnte ich das aber nicht mitmachen. Mein Weg war mir vorgezeichnet so lange in Himmerod zu bleiben bis es in festen Händen ist & dann z.d. Karthäusern.

Gefährliches Intermezzo

Nun zur Abwechslung ein Intermezzo. Vom 4.-5. Dez. hatten wir wieder im Pfarrhause in Eisenschmitt übernachtet, morgens celebriert. Frl. Bäb'chen servierte uns den Kaffee & für diesen Tag begaben wir beide uns auf Missionsreise. P. Vitus sollte am folgenden Tage am Dreikönigsfeste den verreisten Pfarrer von Landscheid vertreten & ich wie üblich an diesem Tage den Frühmesser in Beilingen.

Über Nacht hatte es stark geschneit & es schneite fast den ganzen Tag hindurch. Wir schlenderten durch den Schnee gegen Himmerod, sprachen immer noch über die schmähliche Annonce & ihre Folgen & kamen so allmählich nach Himmerod. Die Arbeiten wurden beäugt, gingen mal hinauf zu Zils um uns zu wärmen & assen hier auch zu Mittag. Man hatte es garnicht so eilig. Dann stiegen wir durch den Altenhof hinauf & durch den Wald gegen Landscheid. Auf freiem Felde sah man dann keine Spur mehr von Wegen & ich glaube wir kollerten so über die verschneiten Felder, Richtung Kirchtum Landscheid.

Es fing schon an zu dämmern & von Eisenschmitt über Himmerod nach Landscheid ist bei verschneiten Wegen ein Marsch, der etwas ermüden kann. Ich liess mich von P. Vitus überreden, noch mit in's Pfarrhaus einzukehren & etwas auszuruhen, was ich auch tat, indem ich mir sagte, ganz egal du gerätst für den Weitermarsch so wie so in die Nacht hinein. Das Fräulein brachte gleich den Kaffee mit soviel drum & dran, dass der kl. P. Vitus das unmöglich allein hätte bewältigen können & ich explizite ihn unterstützte, ein Glück, denn ich brauchte eine Stärkung für die mir noch bevorstehende Strapaze im reinsten Sinne des Weges. Von Landscheid über Niederkail & Binsfeld ist ein ganzes Stück Weg nach Speicher.

Zwischen Landscheid & Niederkail wurde es Nacht, es schneite immer noch; die Nacht war finster, so dass man noch grade wenn Bäume rechts & links am Wege standen diese wahrnehmen konnte. Ich kam nur langsam voran. Bis Binsfeld ging es noch so leidlich, aber von Binsfeld nach Speicher - Hochebene 3/4 Stunde lang ohne Baum und Strauch, von Weg absolut keine Spur. Die Flurwege absolut unerkennbar.

Die Ebene wird unterbrochen von einer Schlucht, der Kiesheck mit Steinbrüchen, durch das Thälchen fliesst ein kleiner Bach, zum Teil tief ausgewaschen, aber vom vielen Schnee überschneit. Als ich Binsfeld verliess, hörte es auf zu schneien & es fing an zu frieren. Ich hielt die Richtung auf Speicher so ungefähr ein, gelangte auch an die Kieshecke, wo aber der Steg über das Bächlein führte, konnte ich ganz und gar nicht sagen. Ich rutschte mehr als ich ging den Abhang hinunter, das Bächlein musste doch bald kommen. Da plötzlich versank ich bis an die Schultern. Kein Heckchen links und rechts wo ich mich hätte anklammern können. Ich versuchte immer vergeblich hoch zu kommen, rutschte aber immer wieder zurück.

Glücklicher Weise war nicht allzuviel Wasser im Bach, aber $\quad$ *S. 3.*
doch so viel, dass ich bis an die Knie platschnass war. Endlich
gelang es mir, nachdem ich den Stock zerbrach, die Stucke mit
dem Absatz in die Böschung eintrieb, aus dieser verzweifelten
Lage herauszukommen, aber hundemüde und ausser Atem.

Ich war so müde, dass ich ungemein versucht war, in einer
nahen zufallenden Hütte, der »Danielsgrube« wie sie heisst
mich hinzustrecken & auszuruhen. Hätte ich es getan & wäre
dabei vor Kälte eingeschlafen, denn ich schnatterte vor Kälte,
am andern Morgen wäre ich eine Leiche gewesen. Es bedurfte
meiner ganzen Energie, aber auch der ganzen, mich zu halten & den Weg fortzusetzen. Noch eine Viertelstunde mässige
Steigung & ich erreichte die mit Bäumen rechts und links be-
standene Straße Herforst - Speicher. Nach einer 1/3 Stunde
gegen 10 Uhr langte ich zu Hause an, wo meine Angehörigen
mich erwarteten, nicht ohne Besorgnis, die schon begründet
war. Als ich den Mantel auszog, stand er steif aufrecht wie ein
Schneemann — Ein heisser Glühwein & das Bett mit der Wär-
meflasche brachte mich wieder auf den Damm & am andern
Morgen celebrierte ich in Beilingen.

Am 7. Jan.Tag nach Epiphania traf ich mit P. Vitus in den
Ruinen zusammen & erzählte ihm mein Abenteuer.

Nun etwas Drolliges. In der Schmähannonce hatte man mich
doch auch als Schwindler mitgemeint. Die Druckerschwärze
war aber noch nicht trocken, als man in Mariastern einen sehr
liebenswürdigen an mich gerichteten Brief schrieb & mich einlud, hinunterzukommen, um den Jahresabschluss zu machen.
Wie naiv! Ich war ja zwar zu diesem Zwecke den ganzen Krieg
hindurch jedes Jahr beurlaubt worden hinuntergereist & diese

Arbeit vorgenommen, so dass in dieser Einladung, in der man mir die Versicherung gab, ich könnte ungehindert nach getaner Arbeit wieder nach Himmerod zurückkehren, nichts aussergewöhnliches lag. Aber unter den derzeitigen Umständen? nach solcher unmittelbar vorausgegangenen Beschimpfung? - bei solcher ablehnenden Haltung gegenüber der Neugründung? Das war schon so eine Sache. - Ich sprach mit P. Vitus. Was meinst Du? Was soll ich machen? — Fahr doch hinunter sagte er mir. — Und ich wollte tatsächlich hinunterreisen. Es ist aus der Reise nie was geworden.

Ob Mariastern aber nicht noch Nebenabsichten damit verfolgte, lasse ich dahin gestellt. Wie ernst es ihm aber gemeint war, geht daraus hervor, dass es gleichzeitig mit der Einladung an mich eine Immediateingabe beim Aussenministerium in Belgrad machte, die über Auswärtige Amt in Berlin meine Abreise veranlassen sollte. Das Auswärtige Amt hat über 1/2 Jahr lang gesucht bis es mich entdeckte & als das Aktenstück in meine Hände geriet, war bereits alles überholt. Das Aktenstück, übrigens interessant wegen der vielen Stempelaufdrucke aus allen Gegenden Deutschlands wo man mich suchte, befindet sich hier in meinem Portefeuille.

Ich entschloss mich nun hinunterzureisen, musste aber zu diesem Zwecke einen Ausländerpass mit vielerlei Zutaten haben. Der Pass musste in Bitburg der Kreisstadt meiner Heimat ausgestellt werden.

Die Reise nach Bitburg unternahm ich per Rad, kurz nach jener - Eisenschmitt - Landscheid - Speicher Tour & fiel noch viel gefährlicher aus als jene. Der Schnee war abgegangen, die Strassen aber noch glatt. Ich verlegte die Reise auf einen Sams-

tag um von Bitburg nach Speicher zu fahren für die Sonntags-
messe in Beilingen. Gegen 10 Uhr V. setzte ich mich auf's Rad,
wohl bewusst, du hast eine anstrengende Tour vor dir. Aber
Landsknecht hin, Landsknecht her die Reise wurde unternommen.

Die Tour, die vor mir lag, ging über Schwarzenborn, Ober- *S. 33*
kail, Badem, Gindorf – Erdorf, Sonnenhof - Bitburg - Mötsch
- Röhl - Speicher, schätzungsweise 45 - 50 km, bei normalen
Wegen & schönes Wetter keine aussergewöhnliche Leistung für
eine Radtour.

Aber Winter, das Wetter sehr mässig, Glatteis, Berg auf
Berg ab, da war schon was gefällig! In Bitburg angekommen,
sprach ich gleich bei der Landratur vor. Es wurde mir aber
gesagt, dass der Beamte, der den Pass auszustellen hätte, sei
gegenwärtig bei einer wichtigen Sitzung, die wohl sehr lange
dauern würde & ich möchte mich aus dem Grunde schon etwas
gedulden. Es wurde Abend, bis der Beamte frei wurde & die
Dienststunden waren fast vorbei. Aus Gefälligkeit versprach
der Beamte mir, mir voranzuhelfen. — Es dauerte lange bis
alles soweit war, jedoch den Pass konnte ich noch nicht mitbekommen. — Um 8 Uhr fuhr ich von Bitburg ab wieder dunkel.
Ich zündete die Acetylenlampe am Fahrrad an, schwang mich
hinauf, aber bereits zwischen Bitburg & Mötsch erlosch die
Lampe & trotz allen Anstrengungen, konnte ich sie auf dem
ganzen Heimweg nicht mehr zum Brennen bringen. — Nur wo
es einigermassen eben war konnte ich mich langsam auf dem
Fahrrad fortbewegen. Sonst bergauf bergab musste ich es in
der Hand führen, es war mir ein Hindernis. Den Röhler Berg
hinunter zur Kyll war es zwischen den hohen Bäumen unheim-

lich dunkel, ich rutschte die Strasse herunter mehr als ich ging
& unzählige Male fiel ich hin. Von der Kyll den Berg hinauf
gegen Speicher wieder drücken. Auf der Anhöhe an der Weiler-
kehr wollte ich, weil die Strasse nicht mehr so steil, versuchen,
etwas zu fahren. Rechts dicht neben der Strasse der Weiler-
graben, 50 m jäh hinunter. Glücklicherweise waren Bäume am
Strassenrande. Als ich mich nun aufs Rad schwingen wollte,
verlor ich die Herrschaft darüber, es bog scharf rechts über's
Glatteis zum Abgrund. Der Schreck hat mich derart erfasst,
dass ich die Gefahr erkennend im Moment laut aufschrie, wie
es kam, ich weiss es nicht, ich hielt einen Baum umklammert
& Rad kollerte den Abgrund hinunter. Wäre der Baum nicht
an der Stelle gestanden, ich hätte Hals und Bein gebrochen.
— Himmeroder Heiligen! — dachte ich haben dich mal wieder in grösster Lebensgefahr errettet. Mühsam holte ich mein
Rad von unten herauf & als ich diesmal wieder nach 10 Uhr
zu Hause ankam, gab es schon Vorwürfe, nicht zu knapp, über
meinen Leichtsinn, wie sie sagten.

Es ist schon gut, wenn man starke Nerven hat, trotz Krieg
trotz allerlei was mir bis zum heutigen Tage an Gribbeligem
über die Leber gelaufen ist, die Nerven habe ich bewahrt.

Die Ereignisse überschlagen sich

Damals in Himmerod, im engeren Rahmen der II. Gründungs-
geschichte der Abtei schlugen sich die Ereignisse förmlich. —
Über Sonntag war mir durch einen mir befreundeten Regie-
rungsrat in Trier die vertrauliche Mitteilung zugegangen, der

Provinzial-Konservator der Rheinprovinz Renard widersetze
sich dem Wiederaufbau von Himmerod. Er habe den Regie-
rungspräsidenten von Trier aufgefordert, als Vertreter der Agna-
ten vom Gräfl. K.st.Fiv.-Kom. die Zustimmung zum Verkauf
zu verweigern. Also auch Gegner von dieser unerwarteten Seite. Ich befand mich sowie so schon in etwas Explosiv-Stimmung
& machte in einem Schreibebrief an den Herrn Provinzial-
Conservator meinem Herzen Luft. - Ich schrieb ihm, ich hätte
bereits erfahren von seiner »wohlwollenden« Stellung gegenüber dem neuen Himmerod, jedoch wir bauen, wenn wir wollen
& wie wir wollen, ohne ihn zu fragen & sonst noch schmeichel-
haftes.

Die nächste Antwort von seiner Seite darauf war, dass das
ganze Salmtal von Eisenschmitt bis hinunter an die Brücke
zum Altenhof unter Denkmalschutz gestellt wurde, womit ver-
hindert werden sollte, dass ohne seine Erlaubnis im Salmtal   *S. 34*
etwas gebaut werden dürfte, worauf von Himmerod weder in
meiner Zeit & wohl auch hinterher wohl nicht die geringste No-
tiz genommen worden ist. — Wie mir Baumeister Ross sagte,
verdross es ihm wohl, dass sein Bruder Architekt Renard, der
damals manche Kirchenbauten in der Eifel vornahm, für Himmerod nicht in Frage kam. — In der Kölner Bürgergesellschaft
trafen sich um diese Zeit, als Renard meinen Brief erhalten
hatte, Ross & Renard. Renard winkte wie mir Ross erzählte,
diesen zu sich und frug ihn: Herr Ross, sie sind ja in Himmerod
beschäftigt, kennen Sie dort einen Pater Plein? ja sagte Ross,
den kenne ich sehr gut, aber hören Sie mal, der scheint mir
aber ein richtiger Gewaltmensch zu sein. Wieso? frug Ross,
die Antwort blieb Renard schuldig, er erhielt sie aber von mir.

Renard wandte sich nun an den Reg.Präs. Dr. Momm, wie es mögl. wäre, dass die P.P. in Himmerod schon von seinem Briefe Mitteilung haben konnten. Dr. Momm war das aber ziemlich gleichgültig, denn er hatte schon seine Ernennung als Reg.-Präs. in Wiesbaden, glaube ich, und als seinen Nachfolger hatte Kaas den spät. R.Präs. Fuchs schon auf's Sprungbrett für Trier gestellt. Bei Fuchs & Kaas' Freunden von Himmerod war für Renard aber nicht mehr zu holen.[3]

Um dieselbe Zeit, wohl noch etwas früher, hatte ein gewisser Dr. Beitz, Haus Bensberg b.Köln eine Artikelserie über Himmerod in der Kölnischen Volkszeitung folgen lassen. Dieser Dr. Beitz war ein ausgesprochener Gegner des Wiederaufbaus. — Er stellte sich auf den Standpunkt, Ruinen sind Ruinen, man lässt sie stehen als Zeichen ihrer Zeit. Man tut nichts zu ihrer Erhaltung & lässt sie verfallen. Auf keinen Fall baut man da-

---

[3] Reg-Präs. Fuchs, den ich immer schätzte, hatte ich später als er Oberpräsident von d.Rh.Prov. war, mehrmals zu einem Besuch in Hain eingeladen. Unserem P.Prior war es nämlich aufgefallen. Bisher hatten alle Oberpräsidenten der Rheinprovinz Hain einmal besucht, auch die protestantischen, nur Fuchs nicht. — Ich glaube ja nun nicht, dass ein besonderer Grund für diese Unterlassung vorlag, sprach aber einmal mit Rechtsanwalt Dr. Liertz, seinem Schwager darüber, auch über die Bemerkung von P.Prior, er sei nun schon wiederholt in Düsseldorf gewesen & noch nicht in Hain. Die Frau von Fuchs ist eine Schwester von Dr. Liertz, den ich sehr gut kenne. Da sagte mir Dr. Liertz das Vers'chen nach der Melodie »Heil dir im Siegerkranz«:

Nicht Ross, nicht Reisige
Erklimmen die Steile Höh'
Wo Füchse stehn.

rauf auf. — Mir wurde das zu toll, ich beschwerte mich beim Redakteur der viel gelesenen Zeitung, warum man in dieser Kathol.Zeitung Artikel Raum gibt, die gegen die Himmerod Gründung seien, worin wir zudem wenig schmeichelhaft kommentiert worden sind. Dr. Hoeber entschuldigte sich, dagegen sei schwer anzukommen. Bei solchen Gelegenheiten müsste eine Zeitung den verschiedenen Ansichten Gehör schenken, ob ich denn keine Gegenartikel brächte. Ich setzte mich dieserhalb mit Rechtsanwalt Dr. Knur in Trier in Verbindung, der aber schon von sich aus einen Gegen-Artikel an die KV unterwegs hatte. Dr. Knur hat den Kölner »den Ästhetiker in Reincultur« wie er ihn nannte, gründlich heimgeleuchtet in mehreren Artikeln.

Dr. Hoeber von der KV sah nun ein, dass die Meinungen *S. 3?* sich scharf gegenüber standen; um einen Ausgleich zu schaffen, veranlasste er jenen Dr. Beitz doch mal nach Speicher zu fahren & mit P. Pl. Himmerod zu besichtigen. — Ich erhielt dann eine Anfrage, ob ich bereit sei, ihn zu empfangen. Nein, konnte ich nicht gut sagen. — Er kam nach Speicher. Hatte ich bisher die Besuche bei meiner Schwägerin der Tante Anna untergebracht, so bugsierte ich diesen Besuch hinunter zur anderen Schwägerin, der Tante Lina. Diese gebürtig aus Wesel hatte ein vorzügliches Mundwerk & verstand es ausgezeichnet, mit solchen Herren fertig zu werden.

Nun geschah das Drollige. Dieser Dr. Beitz hatte zwar Himmerod nie gesehen gehabt. Es war ein wunderschöner Herbstmorgen im bunten Blätterfarbenschmuck im grünen Tälchen das Kloster, als er dort weilte. Er war entzückt. Ich frug ihn, wie er sich nunmehr dazu stelle, wenn wir doch aufbauten,

112

unterliess es nicht, ihn zutadeln, dass er wie so viele andere, nur die Ruinen sähen & kein Auge hätten für alles das was für einen Beobachter, der vom Nützlichkeitsstandpunkte aus die Gesamtlage übersieht, sehr hohen Wert hat. — Ich machte ihn auf alles diesbezügliche aufmerksam & er sagte mir, sie haben Recht, das alles, was sie mir da sagen, habe ich ja nicht berücksichtigt. Dieser Dr. Beitz wurde mir geschildert als ein hervorragender Wissenschaftler.

Aber, wie auch bei anderen Wissenschaftlern wurde ich doch stutzig. Wissenschaftler? Meinetwegen! — Aber welche Einseitigkeiten trifft man gerade bei diesen? — Dr. Beitz reiste zurück nach Köln. Dass er vollständig bekehrt war, zeigte ein Schlussartikel in d. KV. worin er alles widerrief, was er vorher nachteiliges über Himmerod gesagt hatte & den Wiederaufbau rechtfertigte.

»Echt kommt Auto!«

Von der Verkaufssumme wurden dem Grafen 400.000.— Mk ausbezahlt. - Im Verlaufe des 1. Jahres muss schon von irgend einer Seite eine Einmischung in die neuen Besitzrechte stattgefunden haben. Die milderen Cistercienser behaupteten, Himmerod habe immer zu ihrer Richtung gehört & nie den Trappisten. Stimmt. — Ob nun die Einmischung auf die Besitzrechte direkt von Marienstatt ausging oder indirekt durch die Prov.-Siedl.-Ges.- ehem. Landwirtschaftskammer der Rh.-Prov., deren Präsident ein Dr. Müller war & wie es sich später herausstellte die rechte Hand von Abt Eberhard in Marienstatt, ist nebensächlich, kurz die Überschreibung des Grundstückes unterblieb. — Bis zu meinem Scheiden von Himmerod war ich I.Ver.-Präs. & Besitzer des Anwesens. Diesen Abschnitt musste ich vorausschicken für die später auf den Plan tretende Kreissiedlungs - Gesellschaft Wittlich.

Für die Bauerei sollten die verbleibenden M. 100.000 nicht angegriffen werden. Wenn man keine Schulden machen wollte, mussten die Gelder, die über das neu errichtete P.S.K. Kloster Himmerod [liefen], genügen. In der Tat kam darüber auch soviel ein, dass zuzügl. Ertrag aus Gras- & Grummet-Versteigerungen reichte zu dem was vorhanden war, als ich 1922 Himmerod verliess.

Äusserst unklug wäre es ja gewesen, wenn man bis dorthin grössere Bauten unternommen haben würde. Die Verhältnisse waren noch zu ungeklärt und ohne Schulden machen, wofür ich absolut nicht zu haben war, ging das eben nicht.

Damals war es auch als man begann Kloster-Anleihen zu machen. Hollandanleihen wurden zeitgemäss. Ein Kloster, das keine Holland-Anleihe hatte, galt gleichsam als rückständig, nicht auf der Höhe, denn es liess sich doch immer spekulieren mit dem Gelde & ein Geschäft damit machen, wenn's auch nicht direkt für's Bauen verwendet wurde. Das dicke Ende kam dann später bei den Devisen- & anderen Prozessen. Das im *S. 36* Sept. d.Js. stattgefundene Gen.Kap. der Trappisten brachte dann eine Entscheidung über das vorläufige Schicksal Himmerods.

Der telegraphische Befehl: »Alles preisgeben, sofort zurückkehren« wurde vom Orden beantwortet mit »Himmerod bleibt bestehen.«

Wie sehr das der Abtei Mariastern gegen den Strich ging, ist begreiflich. Beim Gen.Kap. erklärte der Abt von Mariastern sein »Desinteressement« an Himmerod. Wenn eine andere Trapp. Abtei sich Himmerod annehmen wolle, habe er nichts dagegen. Von Rückerstattung der Gründungssumme an M'st. durch den neuen Reflektanten verlautete nichts. Mariastern war und blieb somit noch Gründer-Abtei.

Nun begann ein sehr interessantes Theater. Die Abtei Echt in Holland wollte Himmerod haben. Eines Tages kommt ein Telegramm vom Abt v. Mariawald: »Echt kommt Auto!« (Es wurde zum gefl. Ausdruck in Himmerod!) Mittags lief das Auto ein, Abt & 2 PP. von Echt & Abt von M'wald - Besichtigung, Rückkehr.

Nun lebte damals noch der alte Abt Franciskus von Oelenberg, als hospes in Mariawald. Der alte Abt wurde, wie man sagt »wütend«, dass Holländer in Himmerod einziehen sollten. Unter allen Umständen wollte er das vermeiden, zudem waren die Oelenberger in Banz erledigt, sie wollten & mussten weg da. Wenn schon, dann aber eher Ölenberger wie Echter nach Himmerod, sagte er. Ich wurde hinbeordert. /: Ich muss schon sagen, die Oelenberger waren mir und wohl auch meinen Confratres ebenso unsympathisch wie die Holländer:/

Ich frug nun den alten Abt, wie er das machen wollte, denn die Echter hätten doch den Vorsprung. Ganz einfach, sagte er, der Graf muss einen neuen Passus dem Verkaufsantrag zufügen, diesen vordatieren & darin sagen, dass er nur sein Anwesen an ein deutsches Kloster der Trappisten verkauft & Anwärter aus dem Auslande ausgeschlossen seien, als conditio sine qua non. — Gut sagte ich, mir soll's recht sein, wenn der Graf nur noch hinterher für so was zu haben ist. — Ich reiste zum Grafen & ohne jede Schwierigkeit hat er dem Wunsche entsprochen« Abt Franziscus triumphierte & die Echter brummten nicht wenig, aber auch Abt Franciskus drang nicht durch mit der Verwirklichung seines Planes.

Die ganze Wendung war aber durchaus zu Gunsten der Himmeroder Bosnaiken.

Mariastern und Himmerod

In der Zeit wurde P. Vitus vom Abt von Mariawald zum Superior von Himmerod ernannt mit Betonung in allen geistl. & weltl. Angelegenheiten.

Inwieweit der Abt von Mariawald als solcher dazu berechtigt war, weiss ich nicht. Er war Immediat von Mariastern, aber nicht von Himmerod, dieser war der Abt von M'stern. Ob nun der Abt von M'wald im Einverständnis mit dem M'sterner gehandelt hat, habe ich nicht untersucht, denn ein Superior für Himmerod war notwendig & Vitus der geeignetste.

Zwar hätte leicht ein Conflikt entstehen können wegen dem Passus - in allen weltlichen Angelegenheiten, aber P. Vitus war vernünftig & liess mir freie Hand. Es ging ja auch nicht anders, denn nicht er, sondern ich galt als vorläufiger Besitzer Himmerods & hatte als I. Vereinspräsident Verantwortung in Bezug auf das bürgerliche Gesetz. Das einzige, was sich änderte, war *S. 37* nicht weltbewegend. Ich räumte den I. Platz bei Tisch an P. Vitus ein & ausserdem wurde eine geschlossene Brieftasche eingeführt, die bei P. Vitus abgegeben werden musste.

Um jene Zeit wurde dann auch die Kreis - Siedelungs - Gesellschaft des Kreises Wittlich gegründet. Ihr Präsident war Landrat Dr. Simons von Wittlich. Wie kam diese zu Stande? Der Gedanke drängt sich mir völlig auf, dass Dr. Müller & nicht der Landrat, die erste Anregung dazu gegeben hat. Warum? Der Wind wehte damals schon stark aus der Richtung Marienstatt. — Gelang es irgendwie die Überschreibung des Besitzes in's Grundbuch zu Gunsten der Trappisten zu verhindern, dann hatte Marienstatt gewonnenes Spiel.

Das war nun sehr leicht zu bewerkstelligen in jener Zeit als schon das Siedlungsgesetz bestand & allenthalben Kreis — Sied.Ges. wirkten. Nach dem Sindol-Ges. konnte jede Sied.Ges. innerhalb ihres Kreises in den Kauf einspringen, wenn das im Verkauf stehende Gut grösser als 25 ha war, das heisst die Siedel.-Ges hatte das Vorkaufsrecht.

Dr. Müller gründet die Wittl. Ges. & diese springt mit dem Vorkaufsrecht in den Himmeroder Kauf ein. Die Sied. - Ges.-Dr. Müller - Abt Eberhard hatten damit zweifellos eine starke Position gegen die Trappisten.

Später konnte ich feststellen, dass die Kurie in Trier, Reg.Präs. Fuchs, selbst Prof. Kaas mit dem Abte von Mariastatt für die Kreissiedeler-Ges war. –

Von vornherein war mir das nicht bekannt, mir scheint auch nicht den anderen Confratres in Himmerod, oder doch? - Man liess uns so weiterwursteln. Man war sich sicher, daß sozusagen alle Himmeroder zu Marienstatt wollten. Der einzige unsichere Heerespflichtige für M' statt in Himmerod war ich. Ich liess weder meine Confratres noch Marienstatt darüber im Zweifel, dass ich den Übertritt nicht mitmachte. — Dass ich nicht mehr nach Mariastern zurückkehren & Karthäuser würde, war allen Beteiligten bekannt. Meine Absicht hätte ich schon eher verwirklicht, konnte aber nun einmal nicht eher weg, bis Himmerod in festen Händen. Dass es Marienstatt zufiele, war wahrscheinlicher als den Trappisten, allein durchaus nicht absolut sicher. Die Verhandlungen wegen der beiden Observanzen liefen in Rom. Dort fiel die Entscheidung, wie, war durch die Stellung des Bischofs vorauszusehen.

Angenommen, die Entscheidung wäre zu Gunsten der Trappisten gefallen, dann hatte Kreissiedl.-Ges. mit Dr. Müller – M'statt Fuchs-Kaas nicht allzuviel Bedeutung gehabt. Wohl war das Verkaufsrecht eingeräumt, nichts mehr. - Der tatsächliche Verkauf hatte aber schon stattgefunden und war es von den Trappisten bezahlt. - Eine Besitznahme durch die Trapp. wäre nicht allzu schwer gewesen.

Dass Mariastern zwischendurch Himmerod wieder haben wollte, geht aus den Bemühungen hervor, die es in Trier deswegen machte, aber aussichtslos.

Als dann kurz vor der Übernahme die 3 Äbte (von Westmalle, M'stern & M'wald) erschienen in Himmerod selbst, wurde es ersichtlich, wie ernst es Mariastern mit der Wiedererwerbung Himmerods gemeint war.

Am Tage der Ankunft hatte ich mit P. Vitus eine Autotour nach Maria-Lach unternommen. Als wir abends zurückkehrten, standen die 3 Äbte innerhalb der Mauern umgeben von den Patres. - Diese Begegnung war eine grosse Überraschung. Sie kamen unangemeldet, wir stiegen aus in Mänteln & Kommunisten-Mützen. Dieser Besuch war durchaus eine Über-Rumpelung & diese galt speziell mir.   *S. 3̈*

Nachts schliefen die Abte im Wirtshaus, nicht im Kloster. Am andern Morgen wurde ich vorzitiert. Was wollten sie?

Sie sagten mir klipp & klar:

Das Anwesen steht noch auf Ihrem persönlichen Namen. Wir verlangen von Ihnen eine Überschreibung auf die Trap. Abtei Mariastern! Ich war immer noch Trappist von Mariastern. Eine solche Aufforderung hatte für mich somit durchaus ernsten Charakter.

Dem directen Nein wich ich aus & hielt ihnen vor:

1. Was erreichen Sie dann, wenn das Anwesen in den directen Besitz von Mariastern übergeht? - Sie wissen doch, dass die Trappisten sich in der Diözese durch jene Schwindler-Annonce unmöglich gemacht haben & der Bischof ein für alle Mal Trappisten ablehnt.

2. Was soll aus meinen Confratres hier werden. Kein einziger von ihnen will Trappist bleiben?

Da erhielt ich eine Antwort, die mit mir in's Grab geht:

Wenn <u>sie</u> nur festhalten mehr wollen wir nicht - (Also, wenn ich festhielt).

Leider, sagte ich, auf mich können Sie nicht mehr rechnen. Mein Entschluss, Karthäuser zu werden, steht unabänderlich fest.

Sehen Sie doch selbst ein, dass ein weiteres Werben für Sie absolut zwecklos ist.

Sie sahen das wohl ein & reisten so ab.

Nach etwa 14 Tagen forderte mich Abt. Bonavertura [sic!] auf, die Ankaufssumme von 1/2 Million zurückzuzahlen & gab seine Bank an.

Wir hatten das Geld nicht verfügbar, aber eine sehr gute Gras- & Grummet-Versteigerung in Aussicht. Oekonom Hennen vom Priester-Seminar Trier streckte mir ohne Weiteres die 1/2 Mill. vor & Mariastern wurde ausbezahlt.

Damit hatte Mariastern nicht nur auf Himmerod verzichtet, sondern es schied mit der Zurücknahme der Gründungssumme auch als Gründerin von Himmerod aus. Gras- & Grummet-Versteig. erbrachten Sa.Sa. M 600.000 in jen. Jahre. Oeon. Hennen erhielt seine 500.000.–. Schade, dass der Graf seine 100.000.– nicht ausbezahlt erhielt. Das Geld war da.

In Himmerod war glatte Bahn als ich von dort schied.

Der Umstand, dass ich nicht mit den Confrates zu den Marienstättern übertrat, hatte nicht wenig Misstrauen mir eingebracht, begreiflich, aber vollständig ungerechtfertigt. Es ist mir damals viel Unrecht geschehen; man glaubte mir nämlich nicht, dass ich Karthäuser würde. - Die Abfertigung der Trappisten an jenem Tage & mein Übertritt zu den Karthäusern musste sie schliesslich doch überzeugen, dass das Misstrauen mir gegenüber unbegründet war.

Die 2 letzten Monate, die ich noch in Himmerod verbrachte, *S. 39* nachdem die Marienstätter Patres bereits eingezogen waren, brachten dann auch noch einiges Bemerkenswertes.

Mit dem Landrat Dr. Simons von Wittlich, ehemaliger Bonner Borusse & Königl.preuss Rittmeister der Deutzer Kürassiere mit dem Eisernen Kreuze „zwooter" (EK I erhielt er sp.d.Prot.) stand ich auf Kriegsfuss. Ich fürchtete ihn nicht, hatte in den letzten Monaten vor ihm in der Landratur in Sachen der Kreis - Schwindels - Gesellschaft mit der Faust auf den Tisch geklopft. Es war unerhört, aber geschehen.

120

Professor Kaas war damals ein politischer Faktor. - Ich brauchte Kaas nur zu nennen, dann wurde der Landrat schon unruhig auf dem Stuhl, es schien er hatte einen heillosen Respekt vor ihm. Das wusste ich & habe damit den Landrat oft genug nervös gemacht. Das machte mir so'n bisschen Spass.

Damals wollten die Gross-Littgener durch die K.S.G. Wiesen von Himmerod haben ca. 26 Morgen wie mir erinnerlich unterhalb des Altenhofer Weges. Die Krs.S.G. sollte dann ein ebenwertiges Grundstück dafür anderswo für Himmerod geben. — Ich war ganz & gar dagegen & absolut nicht dafür zu haben. Ohne mich konnte nichts gemacht werden so lange ich noch da war. Der Abt von M'statt war dafür & noch andere Leisetreter.

Es wurde Termin anberaumt mit örtl. Besichtigung an der Brücke unten. Erschienen war Dr. Müller, der Landrat mit Rosenbäumchen, Ortsvorsteher mit Scheffen v. Grosslittgen & Ortsvorsteher von [?]. Ferner der Abt v. Marienstatt meine Wenigkeit & vom Verein Dr. Kaas & als Begleiter Oekon. Hennen. Der Termin verlief ergebnislos, ich war dagegen. Der Landrat wütend über mich. Erst als ich schon bei den Karthäusern war, wurde der elende Tausch vorgenommen.

Aber nichts »desto trotz« wurden die Herren & auch der Landrat & seine Rosenbäumchen zum Kaffee eingeladen.

Die ganze Gesellschaft ohne die Gross-Littgener zog Klosterwärts ins kleine Stübchen der ehemaligen Holzwohnung. Das Stübchen wurde dicke voll. Oben am Kopf sass der Abt mit Dr. Müller & Landrat. Professor Kaas neben mir etwas unterhalb.

Der Kaffee war getrunken & folgte Wein mit Zigarren ;/es war recht gemütlich trotz Landrat!

Auf einmal geht die Türe auf & herein tritt P. Athanasius Merkle bekleidet mit schwarzem Mantel in der einen Hand das Köfferchen, in der andern Hand den Hut. Er drückte sich dann entschuldigend, nicht ohne Eleganz durch bis zum Abt, kniete nieder, küsste den Ring & sagt: »Gnädiger Herr, bitte um den äbtlichen Segen, ich gehe auf Aushilfe.«

Das alles machte Athanas mit einer Würde und einem Ernst, dass alles plötzlich verstummte & mit Ehrfurcht die Scene beobachtete.

Kaas stiess mich in die Seite, wer iss datt? - Der Mönch von Himmerod, antwortete ich, scheint ein heiligmässiger Pater, O' ja sagte ich. Dabei hatte ich doch ein Zucken um die Mundwinkel, so dass ich mich etwas auf die Zunge biss, um die salbungsvolle Scene nicht durch mein nichtswürdiges Lächeln zu entweihen.

Athanas verstand es gegebenenfalls kolossal ernst zu sein. Es wurde von ihm erzählt, er sei bei einer Eisenbahnreise unter eine Gesellschaft alter Kriegsteilnehmer geraten & sich in deren Gespräch eingemischt, wobei ihm gesagt worden sei, er könne hier doch garnicht mitreden, er habe doch kein Pulver gerochen.

Was! & Athanas richtete sich voller Entrüstung & mit allem Ernst: »Was? Vier Jahre habe ich an der Front gestanden & soll kein Pulver gerochen haben?«

Durch seinen Ernst hatte Athanas sich wieder Respect verschafft! Hier in Himmerod kam dann die Würde noch dazu. *S. 40*

Wenn später der Athanas als derjenige bezeichnet wurde, der noch Glauben habe für eine Unternehmung wie die in Brasilien, so habe ich dafür schon Verständnis.

Abschied von Himmerod

Am 15. Okt. 1922 war dann die feierliche Übergabe Himmerods an Marienstatt.

Hier interessiert mich nur das Mittagsmahl, es hatte in vielfacher Hinsicht seine Bedeutung. An dem Mahle nahmen teil, der Herr Generalvikar Tillmann, i.V. d. Landrat Rosenbaum, der älteste Sohn v. Grf. Kesselstatt, der Abt von M'statt, sein Prior & der Prior von Himmerod P. Wilh. Wellstein und viele andere. Von uns Bosniaken hatte Abt Eberhard als nunmehriger Herr von Himmerod & Veranstalter & Gastgeber keinen von uns Mariasternern eingeladen, aber auch keinen einzigen.

Das war schon allerlei. — von meinen Confratres, deren Sehnen es ja immer war, mit M'statt vereinigt zu werden, wagte keiner etwas zu sagen. — Ich aber drang uneingeladen in das Gastzimmer, das wäre noch schöner gewesen, mich da auszuschliessen.

Als ich eintrat, trafen mich verschiedene Blicke, mir doch ganz pipe; die Suppe hatte man schon gelöffelt. Ich musste dem Diener winken: Her mit der Supp! - Rufen konnte ich nicht, ich wäre doch übertönt worden durch den Wortschwall von Herrn Schnitzius aus Wittlich, in dessen Nähe ich geraten war. Bei Tische wurden dann allerlei Reden gehalten & Marienstatt liess sich nicht zu knapp feiern als Gründerin des neuen Himmerods. Tako! — Namentlich Dr. Müller aus Bonn zeichnete sich hierin aus, schwätzen konnte er. — Ich merkte aber am Gen.Vicar, dass ihm diese gemachte Lobhudelei nicht zusagte. — Unsere Blicke trafen sich wiederholt, auch war es ihm aufgefallen, dass die M'sterner nicht eingeladen waren &

ich mich noch eben gerade hineingedrückt hatte.

Als man nichts mehr wusste und sich erschöpft hatte in der Marienstatter Lobhudelei, gab Gen.-Vic. Tilmann das Zeichen am Weinglas, erhob sich zum Sprechen:

Der kurze Sinn seiner Worte war etwa folgender:

Als St. Bernhard seine Mönchen nach Himmerod schickte, befanden sich 3 unter ihnen mit jüdischen Namen. Ob bei dem einen oder anderen auch jüdisches Blut in Adern floss, weiss ich allerdings nicht zu berichten. Immerhin bei Neugründungen ist es immer empfehlenswert, wenn der eine oder andere unter ihnen so etwas wie jüdischen Einschlag hat. Bei der schon hier <u>vor bereits 3 Jahren</u> vorgenommenen Gründung konnte ich unter den Ankömmlingen keinen einzigen feststellen mit jüdischem Namen, wohl auch kein jüdischer Einschlag, aber einer war darunter, der ist <u>von Speicher</u>. Tako!

Der Abt von Marienstatt hatte auch schon einen neuen Architekten Lehmenkühler ausersehen & mit zur Feier mitgebracht. Dieser hatte schon Messapparate etc. für eine Neuaufnahme bei sich & begannen schon Tags nach der Feier mit den Vermessungen.

Unser früherer Baumeister Ross aus Köln dürfte selbstverständlich nicht zu Tisch geladen werden. Er war doch nach Himmerod gekommen und ass bei Zils I zu Mittag. Mir tat's ungemein leid um ihn, wiederholt schickte er zu mir, ich möchte doch mal zu ihm hinkommen. Was sollte ich machen? -— Ich liess ihm sagen, es ist alles zwecklos, ich habe hier kein *S. 4.* Wort mehr hineinzureden. Herr ist der Abt von M' statt & er hat einen anderen Architekten mitgebracht. Das war ungemein hart für den Herrn Ross. Ross war eine ehrliche treue Natur, der ebenso wie Lehmenkühler im Stande war, das Himmerod wie es aufgebaut worden ist, aufzubauen, jedenfalls nicht mit jener Raffinesse durch die L'kühler sich später mit Himmerod überwarf.

Später traf ich seinen Sohn, der einen Klosterumbau in Köln projektierte & ausgeführt hat. Ich konnte mich überzeugen, in jeder Hinsicht tadellos. Ich hörte, dass die Himmeroder Geschichte seinem Vater in seinen alten Tagen ihm sehr zusetzte.

Andere Cölner Herren, die mich & Ross kannten & mich in Hain besuchten, sagten mir, dass Ross wohl im Stande gewesen wäre, Himmerod aufzubauen. Zu spät; ich muss aber hinzufügen, dass ich selbst nicht allzuviel Vertrauen in Bezug auf Leistungsfähigkeit in ihn gesetzt hatte. (Ross hatte sich von vornherein eingedrängt)

Meine Tage in Himmerod gingen zu Ende; ich blieb noch um P. Dominikus in den geschäftlichen Teil einzuführen. Als dann ein Mariensterner Pater an mich herantrat, was machst Du eigentlich noch hier? Wann gehst Du endlich fort, denk ich jetzt wird's Zeit, die Tür von draussen zuzumachen.

Am 17. November reiste ich in Himmerod ab. Der Tag war insofern bemerkenswert, was mir allerdings später zum Bewusstsein kam, dass es am Festtage des Kartäuserbischofs Hugo von Lincoln, meines künftigen Namenspatronen, war, ausserdem war an diesem Tage erst die endgültige Entscheidung zu Gunsten Marienstatts in Rom gefallen.

—

Ist nun Marienstatt Gründerin von Himmerod? Nein, denn Marienstatt hat materiell nichts zur Gründung Himmerods beigetragen. Wohl haben die M'statter Patres dem neuen Him-

125

merod in geistl. Hinsicht das Gepräge gegeben. Das ist aber auch alles. - Gründer sind sie damit nicht.

Gründer sind wir Bosniaken, <u>sonst niemand.</u>

Am 2. Dez. 22 trat ich in der Karthause Hain ein. - Am selben Tage hatte ich mir auf dem Haupt-Bahnhof in Dssd. noch eine Zeitung gekauft & einen Blick hineingeworfen. Dort stand: Dr. Müller. Bonn, Reichsernährungsminister. Sein Ressort hatte er nur einen einzigen Tag inne, weil die Soz.Dem. gegen ihn war, mit dem Bemerken:

> *Das Brot, das Herr Müller backt, ist*
> *für uns ungeniessbar.*

Wenn dieser Satz den Sozi ausmachte, dann wäre ich auch im Moment Sozi gewesen. - Jedoch es ist nicht meine Aufgabe über Dr. Müller - Himmerod - weiteres zu schreiben. Es gehört aber noch hierher, dass in der letzten Januar-Woche 1925 in der Woche als ich meine Exercitien zur Karth.Profess. machte, Abt Carl Münz von Himmerod noch Hain kam, mich wieder zu erobern. In Hain hatte man sofort Lunte gerochen. Besorgt kommt der Novizenmeister gelaufen: Sie bleiben uns doch treu? Seien Sie unbesorgt sagte ich ihm: ich habe dem Gnädigen Herrn das Liedchen vorgesungen:

> *Sei nicht bös, es kann nicht sein.*
> *Sei nicht bös, und schick' Dich drein.*

Am Febr. 1925 legte ich feierl. Profess in der Karthause ab. Mein Schreiben, das viel länger geworden ist als ich von   *S. 42* vornherein beabsichtigt hatte, geht nunmehr zu Ende. Ich bitte um Entschuldigung wegen der Schrift. Den Rest schrieb ich im Bett, habe Magen-Grippe.

Heute ist der 31. Dez. der letzte Tag. Glaubte unbedingt, das Schreiben sei zu Neujahr in Himmerod, klappte wegen der Länge nicht.

Nun gebe ich allen Himmerodern die Versicherung meines Gebetes. Bin glücklicher-Weise wieder Zellenpater. Ob für den Rest des Lebens? Schon läutet's irgendwo, ich habe einen Horror davor, wieder auf dem Jahrmarkt zu erscheinen.

Ich empfehle mich daher auch sehr in das Gebet aller Himmeroder.

Gottes reichsten Segen zum Neuen Jahre, dem Jubiläumsjahre.

Mit herzl. Grüssen insbes. an Hochwsten Herrn Pater Abt ergbst.

Fr. Hugo M. Plein

3. Himmerod

4. Pater Hugo

Mit Übergabe des Klosters und offizieller Wiederbegründung durch die Zisterzienser sieht Pater Plein seine Aufgabe als erfüllt:»In Himmerod war glatte Bahn als ich von dort schied.« Er bricht die Zelte ab. Trotz des Ärgers, wie der Abschied verlaufen ist, überwiegt die Freude, seinen über zehn Jahre gehegten Wunsch, Kartäuser zu werden, endlich zu erfüllen.

Nach noch einigen Wochen im Speicherer Elternhaus verlässt er die Eifel. Sein Weg führt ihn von Himmerod nach Düsseldorf in die *Karthause Maria Hain*. Er wird dort in den Orden der Kartäuser aufgenommen, legt im Dezember 1925 die feierliche Profess ab und trägt fortan den Namen *Pater Hugo Maria Plein*.

Vom Trappisten zum Kartäuser

Bereits in Mariastern äußert Pater Plein den Wunsch, zu den Kartäusern zu wechseln. Warum? Unterscheidet sich das Leben eines Kartäusers so sehr von dem eines Trappisten?

Beiden Orden dienen die Benediktinerregeln als Grundlage und sie sind somit gleichermaßen streng reglementiert. [17] Der grundlegende Unterschied ist das Einsiedlertum der Kartäuser, das den Trappisten fremd ist.

Die Regeln des hl. Benedikts werden durch Abspaltung und Neuansiedlung stetig reformiert. So entsteht im 12. Jahrhundert der Orden der Zisterzienser. Im 17. Jahrhundert kehren die Trappisten als Abspaltung und Gründung eines neuen Ordens zu den frühmittelalterlichen, strengen Regeln zurück.

Das Regelwerk der Kartäuser hingegen hat sich seit schriftlicher Niederlegung nicht verändert. »Das Kreuz steht fest, während sich die Welt dreht.«[1]

Der Gründer Bruno v. Köln errichtet 1084 die erste Kartause. Seine Suche nach der perfekten Einsamkeit führte ihn nach Grenoble, wo er mit Unterstützung seines ehemaligen Schülers, des Bischofs Hugo von Grenoble, in der unwirtlichen Einöde von Chartreuse eine Einsiedelei begründet, aus der schnell die *La Grande Chartreuse* erwächst. Die Kartäuser um den hl. Bruno sind ihrem »Wesen nach Einsiedler.« Der hl. Bruno errichtet für sich und sechs weitere »Gefährten eine Einsiedlerkolonie in der Weise, dass die Mönche in kleinen, durch mäßige Zwischenräume von einander getrennten Hütten ein abgetötetes Leben führen konnten.« [17][29]

Das bauliche Prinzip der ersten Eremitage in der Einöde von Chartreuse findet sich in sämtlichen, in Folge erbauten Kartäuserklöstern. Sinnbildlich darf man sich ein Kartäuserkloster wie drei konzentrische Wirkungskreise vorstellen, die sogenannten *Schranken*. Der äußere Kreis umschreibt die Außengrenze der Klosterbesitzung, die *Klosterschranke*. Kein Kartäuser darf diese Grenze zur Außenwelt überschreiten. Gewollt ist, dass sämtlicher produktiver Klosterbesitz innerhalb

---

[1] *Stat crux dum volvitur orbis*, Wappenspruch des Kartäuserordens

der *Klosterschranke* zu liegen hat, damit der Orden von der
Welt da draußen autark seine Lebensgrundlage erwirtschaften
kann. Dieser Bereich ist den Laienbrüdern zur Verrichtung
»gröberer Arbeiten« vorbehalten. Die *Mönchsschranke* mar-
kiert den nächsten inneren Kreis. Auf dieses Gebiet sind die
Professreligiosen beschränkt. Innerhalb dieser Schranke liegen
die Klostergebäude mit Kirche, Bibliothek und Kapitelsaal.
Um die Hauptgebäude herum liegen die *Zellen der Mönche*,
als innerster, versinnbildlichter Kreis. Diese sind kleine zwei-
stöckige Häuser mit Garten und haben »keinerlei Verbindung«
untereinander und bilden die innerste Schranke. Keine dieser
Mönchszellen oder »Einsiedlerei darf von anderen Kartäusern
ohne Erlaubnis des Oberen betreten werden.« [17]

In der Regel besitzt ein Kartäuserkloster bis zu 30 dieser
Mönchszellen, welche U-förmig den Klostergarten einschließen.
Hier liegt der Kartäuserfriedhof, zentral und spiegelsymme-
trisch angelegt. Die zweigeschossigen Unterkünfte haben hin
zur Außenseite weder Fenster noch Türen und sind somit Teil
der Mönchsschranke. Die kleinen Häuschen mit jeweils eigenem Garten sind über den inneren, umlaufenden Kreuzgang
erreichbar. Die Gesamtanlage ist so ausgerichtet und geplant,
dass alle Mönchszellen mit ihren Gärten nach Süd-Ost oder
Süd-West orientiert sind.

Vom Kreuzgang her betritt man die Mönchszelle über einen
schmalen, 10 Meter langen Gang, der zu einem kleinen Garten führt, »welchen der das Häuschen bewohnende Karthäuser
selbst in Stand hält.« Weitere Räume verteilen sich über ca.
150 Quadratmeter auf zwei Etagen, »nämlich ein Gemach zur
Wohnung und eines für die Arbeit, eine kleine Küche, in der

Regel auch ein eigener Raum zum Beten und ein solcher zum Schlafen.«

Die Regeln der Kartäuser über Zusammenleben und Tagesablauf werden erst vier Jahrzehnte nach Gründung schriftlich niedergelegt. Der fünfte Abt der *Grande Chartreuse*, Guigo, fasst die 40 Jahre gelebten und erprobten Bräuche zusammen und übersendet das Regelwerk an alle damals bestehende Kartäuserklöster.

Die folgende Schilderung des Lebens und der Regeln der Kartäuser folgt den Angaben von Max Heimbucher [17] aus dem Jahr 1896. Zeitlich liegt dies näher an Pater Hugos Kartäuserleben als neuere Quellen, zumal mit dem Zweiten Vatikanischen Konzil 1962 erstmalig die Regeln der Kartäuser abgemildert werden. Pater Hugo Plein verstirbt im selben Jahr.

Die Kartäuser speisen nicht gemeinsam, wie bei den Trappisten üblich. Jeder Kartäuser kocht und isst für sich alleine. Die Zutaten stammen aus dem eigenen Garten der Mönchszelle und nach Bedarf aus der Gemüsepflanzung des Klosters, welche von einem Laienbruder durch eine Öffnung neben der Zellentür ohne Gesichtskontakt durchgereicht werden. Es darf nur mit Salz gewürzt werden. Zusätzlich erhält der Mönch »Eier, Käse, Milch und Mehlspeisen, zuweilen Fische.« Die tägliche Weinration »in geringen Quantitäten« darf nur mit Wasser vermischt zum Mittag- oder Abendessen getrunken werden.

In der Zeit vom Kreuzerhöhungsfest (14. September) bis Ostern, darf der Kartäuser »mehrmals in der Woche nur eine einzige Mahlzeit einnehmen.« Essens- und Fastenzeiten sind streng reglementiert.

Zu jeder Jahreszeit beginnt die Schlafenszeit Punkt 7 Uhr

abends, jedoch nur bis kurz nach 11 Uhr, wenn durch einen lauten Schlag gegen die Tür der Mönchszelle geweckt wird. Das kleine, Marianske Officium wird in der Mönchszelle gebetet, um sich danach um Mitternacht »ein Licht in der Hand, die Kapuze über den Kopf gezogen« in den Chor der Kirche zu begeben, zum Tagesofficium. Dies dauert bis 3 Uhr morgens. Danach Ruhezeit bis 5 Uhr und daran anschließend wieder Versammlung in der Kirche, »um dem feierlichen Hochamte in den Chorstühlen beizuwohnen.«

Ist das Hochamt beendet, »kehren alle schweigend in ihre Häuschen zurück, um mit der Arbeit zu beginnen.«

Das Schweigegelübde gilt auch wie bei den Trappisten, mit dem Unterschied, dass die Kartäuser jeden Montag, solange kein Feiertag oder Karwoche ist, zu einem gemeinsamen Spaziergang von 4 bis 5 Stunden aufbrechen. Die Mönche dürfen sich untereinander unterhalten, allerdings nie länger als eine halbe Stunde. Danach wird der Gesprächspartner gewechselt. Das sogenannte *Spatiamentum* ist seit langem Teil des Kartäuserlebens und als Ausgleich zum Einsiedlertum gedacht, um die seelische Stabilität zu wahren. [29]

Matthias Wego [80] schreibt: »Eine besondere Art des Mönchstums hatte hier seinen Anfang und Ursprung: das ausgewogene und maßvolle Zusammenwirken von eremitischem und zönobitischem Leben. Schwerpunktmäßig war und ist es ein Leben mit Gott in der Einsamkeit und im Schweigen der Zelle.«

Daher ist anzunehmen, dass genau das ein Grund ist, warum Pater Plein zu den Kartäusern wechselt, um ein gewisses Maß an Privatsphäre für sich zu reklamieren. Ein weiterer Punkt, der für den Orden der Kartäuser spricht, ist der umfangreiche Bibliotheksbestand, den er für seine Studien nutzen kann. »Bücher sind die engsten Gefährten der Kartäuser.«

Die Kartause Maria Hain

Die knapp 100-jährige Geschichte der Kartause Maria Hain ist äußerst wechselhaft. Nach den unsicheren Jahren der Säkularisation Anfang des 19. Jahrhunderts ist es der Wunsch des deutschen Kartäuserordens, wieder einen Standort in Deutschland zu haben. Diese zu gründende Kartause soll in der Nähe von Köln, dem Geburtsort des hl. Bruno liegen. Das ehemalige Rittergut Haus Hain in Rath bei Düsseldorf ist zu kaufen und entspricht den Vorstellungen einer zukünftigen Kartause.

Nach eingehender Besichtigung im Spätsommer 1869 wird der Standort als geeignet befunden und man entschließt sich zu kaufen. Eigentümerin ist die Familie v. Hymnen. Diese beauftragt Herrn Ludwig v. Oven, Rentner aus Düsseldorf, mit der Abwicklung des Geschäftes. Als Notartermin wird der 18. September 1869 festgelegt. Kaufgegenstand ist das Rittergut Hain mit allen dazugehörigen Ländereien und Gebäuden. Der Kaufpreis ist mit 150 Tausend Talern, preußisch Courant, vereinbart.[2] [80]

Bereits einige Jahre nach dem Umbau von Haus Hain und dem Neubau weiterer Gebäude muss die Kartause aufgegeben werden. Der Bismarck'sche Kulturkampf zwischen Staat und Kirche hat zur Folge, dass mit dem preußischen Klostergesetz von 1875 sämtliche geistliche Orden aufgelöst werden.

---

[2] Das entspricht einem heutigen Wert von etwas über 3 Millionen Euro.

[82][84][77]

Einige Jahre danach kann der Konvent den Standort neu besetzen, aber die vielen Jahrhunderte Existenz, wie sie andere Klöster haben, bleiben Maria Hain verwehrt. In den frühen 1960er - Jahren muss Maria Hain dem Düsseldorfer Flughafen weichen.

Kurz und knapp vermerkt eine letzte Eintragung im *Register der Klosterleute*[3] von Mariastern über Pater Anastasius:

>»Führte seinen längst gehegten Wunsch durch u.
>trat bei den Karthäusern bei Düsseldorf ein. [...]
>Bekleidet schon seit Jahren das Amt des Cellarius,
>das ihm viel Sorgen bereitet. Das was er suchte, die
>Einsamkeit, fand er auch hier nicht recht.«
>[2], p. 122 (siehe Abb. Seite 136)

Nach Mariastern, Kriegsgeschehen und Himmerod ist Maria Hain in Düsseldorf nun die vierte Ortsänderung von Pater Plein und wird auch nicht die letzte bleiben.

Den Weg der Mönchswerdung, die Katharsis der Selbstverleugnung und Abtötung, hat er bereits als Trappist in Banja Luka beschritten. Lediglich einige Jahre benötigt er, diesmal als Kartäuser, 1925 die feierliche Profess abzulegen. Der Klosterleitung Maria Hain ist bekannt, dass Pater Plein ein kräftig

---

[3] Hier gilt mein besonderer Dank Herrn Rudolf Baier, Mitinitiator des *Europazentrums für Frieden und Zusammenarbeit* in Banja Luka um Bischof Komarica.

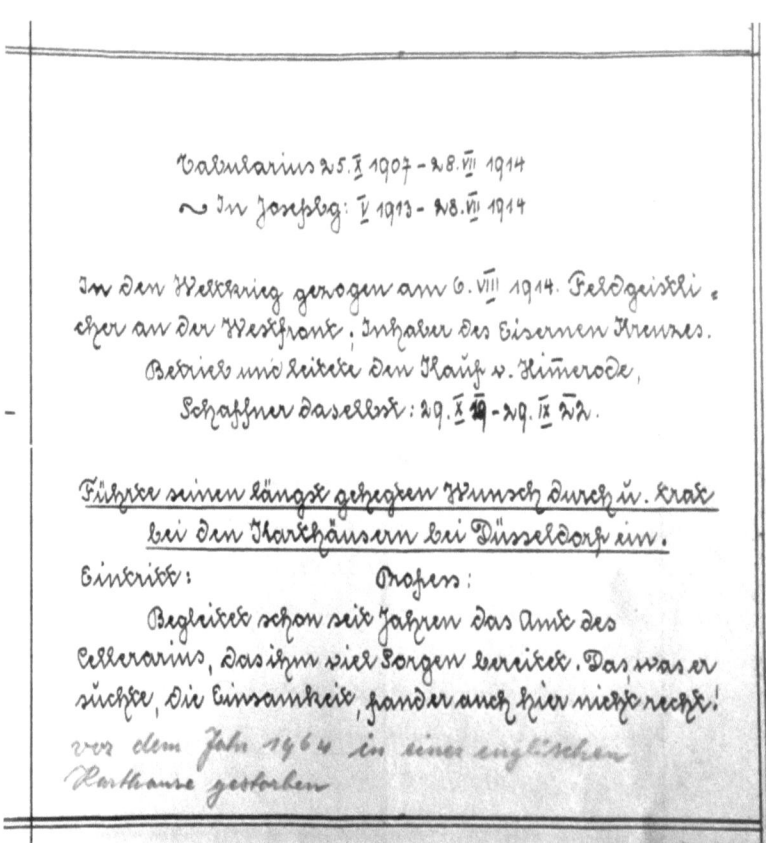

Abbildung 4.1.: aus dem Register Kloster Mariastern

zupackender Organisator mit fundierten ökonomischen Kenntnissen ist. Sein Ruf aus Mariastern und Himmerod wird ihm vorausgeeilt sein. Es ist anzunehmen, dass er bereits nach seiner feierlichen Profess zum Prokurator (Cellarius) bestimmt wird. Eigentlich will er das nicht, möchte er doch sein weiteres Leben in der Abgeschiedenheit eines Kartäusers verbringen.

> »Das Amt des Procurators in Hain hatte ich nur noch mit Widerwillen übernommen, nachdem mein vorangegangenes Ordensleben in Mariastern & Himmerod mit zwischenliegendem Krieg in äußerlichen Verwaltungstätigkeiten aufgegangen war.«
> [53]

Kurz nach der heiligen Profess schreibt er seiner Schwester Polin, dass für »jede Ordensperson schon etwas Unverdrossenheit & Dienstfreudigkeit zu den ständig sich wiederholenden Uebungen« gehöre. »Wenn's auch nicht am Troste fehlt, die menschliche Schwäche & Hinfälligkeit sorgt schon dafür, daß das Streben nach Vollkommenheit immer wieder Ueberwindung kostet.« [51]

Der Aufenthalt in Maria Hain fällt in die Zeit zwischen den Weltkriegen. Er kommt im Dezember 1922 und verlässt das Kloster im August 1936. Wego [80] benennt für diesen Zeitraum zwei Prokuratoren namentlich, Pater Skowronsky und Pater Meinrad, aber nicht Pater Hugo Plein. Für das Jahr 1929 erwähnt er den »damalige[n] Prokurator«, der sich um die Gründung des Klostervereins »sehr verdient gemacht« hat. Die Körperschaft eines zu gründenden gemeinnützigen Vereins bewahrt das Kloster vor beträchtlichen Zahlungen der Erbschaftssteuer, sollte einer der damaligen Eigentümer sterben. Pater Plein hat aus seiner Himmeroder Zeit umfangreiche Erfahrung mit den juristischen Belangen einer Vereinsgründung sammeln können und wird dieser »damalige Prokurator« gewesen sein.

Neben dem Tagesgeschäft beschäftigt sich Pater Plein auch mit Projekten, die für die Erfüllung seiner klösterlichen Pflichten wie auch für das Kloster selbst weniger Relevanz haben. Er kann wohl nicht aus seiner Haut! Bei der Ausschachtung zur Anlage eines Rundweihers im Jahr 1934 werden archäologische Artefakte freigelegt: keramische Scherben, ein gut erhaltenes Bootspaddel und ein konservierter Tierschädel. Noch am selben Tag erbittet Pater Hugo Expertise aus Düsseldorf. Dort vermutet man einen prähistorischen Tierfund.

> »Die Geister, die ich gerufen hatte, wurde ich bald wieder los, denn der Herr Direktor stellte, als er den Tierschädel in Augenschein nahm fest & zwar ohne lange zu überlegen: ›das ist der Schädel eines Maultieres‹, und vorbei war es mit der Prähistorie.« [60]

Diese Begebenheit hat zur Folge, dass Pater Hugo seine Liebe zur Scherbenkunde wiederentdeckt, wie es ihm von seinem Vater gelehrt worden war. Vier Jahre später, schon in England, wertet er den Hainer Scherbenfund aus und verfasst die Schrift »Scherben-Geschichte«. Sein Anliegen ist, auf Grundlage der Altersbestimmung der Scherben einen Beitrag zur Geschichte des Areals Maria Hain zu liefern. Auf 50 Seiten zzgl.

Abbildung 4.2.: Scherben-Geschichte, 1938

Abbildungen spannt er einen weiten Bogen von der Bronze-
zeit »bis zur Gründung & Erbauung des Hauses Hain, von
dem als ursprünglich wohl nur noch die gewaltig dicken Fun-
damente & Kellermauern vorhanden sind.« Die ursprüngliche
Erbauung liegt zeitlich weit vor der Gründung des Klosters.
Die »Scherben–Geschichte« als einzelnes Manuskript überlässt
Pater Hugo der Bibliothek von Maria Hain. Mit Verlegung des
Klosters mitsamt Bibliothek nach Marienau befindet sich die
Schrift heute im dortigen Bestand.

Ein weiteres Wissensgebiet und Interesse von Pater Hugo
ist die Sternkunde. So beginnt er 1927 mit dem Bau eines Pla-
netariums, ein umfangreiches Projekt, welches einige Jahre in
Anspruch nehmen wird. Er nutzt seine Kontakte in die Heimat, um beim ortsansässigen Metallbauer Peter Rauen in der
»Neugaß'«, Schablonen zu bestellen. »Hier kann ich die Zink-
schablonen nicht gemacht bekommen, weil die Maschine dazu
fehlt. Peter [Rauen] macht sie mit der Maschine, womit er früher die Deckel für Milchkühler ausschnitt.« Die Schablonen
benötigt er zur Herstellung der großen Globen, die kleineren
fertigt er auf seiner Drehbank aus Gips. Über seinen Bruder
Niclas ordert er das Werkzeug mit Versandanweisung und Bitte, die Rechnung zu übernehmen. [52]

Parallel zu diesem Projekt fertigt er aus Farbzement 80 Zentimeter hohe Tierwesen für die Marien-Grotte in Maria Hain.

Durch die Nachwirkung des Ersten Weltkrieges ist die Situation im heimatlichen Familienunternehmen mehr als proble-
matisch. Wegen der alliierten Rheinlandbesetzung verliert das

Unternehmen seine Hauptkundschaft im Saargebiet, Elsass-
Lothringen, Frankreich, Luxemburg sowie Süddeutschland. Der
Absatz beschränkt sich auf die Eifel, die Mosel und den Huns-
rück.

Bruder *Adam (Plein-Franzen)* ist einige Jahre zuvor verstorben und dessen ältester Sohn *Peter Plein* tritt als Kaufmann
im Alter von 29 Jahren als persönlich haftender Gesellschafter
ein. Sein Risiko, in so jungen Jahren zu scheitern, ist hoch.
Später äußert Peter Plein oftmals, dies auch stellvertretend
für seine beiden jüngeren Brüder getan zu haben, die erst 10
Jahre später Gesellschafter der OHG werden.

Mit Schreiben vom 27. Mai 1927 beantragt das Unternehmen Kredit:

> »Aus den oben angeführten Gründen wären wir
> Ihnen, Herr Minister, sehr dankbar, wenn Sie uns
> aus einem Fond einen Betrag von 70.000.– Mark
> zu sehr billigen Zinssätzen überlassen könnten, da-
> mit wir endlich in der Lage wären, unseren Betrieb
> in der richtigen Art und Weise führen zu können.
> Bestimmt kämen wir dann in absehbarer Zeit auch
> wieder aus unserer eigenen Kalamität heraus.« [20]

Pater Hugo nimmt regen Anteil an der heimatlichen Situation und der Notwendigkeit der Geldanleihe. Er schreibt, es sei
ein »recht bitteres Gefühl sagen zu müssen, dass der elterliche
Besitzstand dem Bankrott entgegen geht« und seine Brüder
»in ihrem Alter vielleicht Not leiden müssen.« Er empfindet
es als ungerecht, dass ein vor dem Krieg gesundes Unternehmen nun in seiner Existenz bedroht ist. Aber er ist optimistisch

und setzt seine Hoffnung, vielleicht zu sehr, auf die Folgegeneration, seine Neffen. Von denen wird gleich die Rede sein.
[52]

Der zweite Bruder, *Johann (Plein-Hütting)*, stirbt 1931. Im Unternehmen verbleiben der Altgesellschafter *Niclas* (Bruder von Pater Plein) und der junge Neffe *Peter*. Das Drittel Firmenanteil des verstorbenen *Johann* gehen an seine Frau *Pauline* als Alleinerbin. Als diese ihm keine zwei Jahre später folgt, wird es heikel für die Tochter und die drei Söhne.

Nikolaus, Johannes, Theo und *Lisbeth* sind zwischen 24 und 28 Jahre alt. Die Familie Plein-Hütting lebt seit fast 30 Jahren in dem von Pater Plein erbauten Haus und nennt es ihr Eigen. Das Erbe der vier Kinder setzt sich somit zusammen aus dem Firmenanteil, dem Wohnhaus samt Inventar und zwei Grundstücken. Das Wohnhaus ist durch dingliche Sicherung der Firma stark belastet, wie auch die Firma. Was sich erst einmal als gut anhört und einen Geldzufluss verspricht, entpuppt sich als verschuldetes Gesamterbe.

Mit Vorbedacht entscheiden die Geschwister, das Erbe auszuschlagen. Eine Auseinandersetzung und Abfindung finden nicht statt. Die drei Söhne scheuen das Risiko, unter Schulden aktiv in das Unternehmen einzusteigen. *Nikolaus* ist bereits niedergelassener Anwalt in Bernkastel, *Johannes*[4] heiratet in eine Bitburger Hotelierfamilie ein und *Theo* ist bei Villeroy & Boch in Luxemburg beschäftigt. Die drei haben ihr berufliches Auskommen. Alleine *Lisbeth* hat bis zum Ende die Eltern

---

[4] Johannes Plein ist der Großvater des prominenten Modedesigners Phillip Plein.

gepflegt und keine Ausbildung absolviert. Sie wird von ihren
Brüdern, Cousins und der ganzen Familie gedrängt, ihr Erbe
aufzugeben. Ihr Bruder als Rechtsanwalt schreibt über seine
Schwester:

> »[...] Die Lage wäre eine andere, wenn mir der
> Weg und die Zukunft von Lisbeth bestimmt wä-
> ren. Leider aber ist das nicht der Fall. Sollte sie
> später heiraten können oder wollen, so würden die
> als Erbin übernommenen Verpflichtungen sie als
> vorehelichen Verbindlichkeiten stark belasten und
> ihren Ehemann in unangenehme Bedrängnis brin-
> gen.« [65]

Lisbeth beugt sich dem Druck, verliert alles gegen das vage
Versprechen der Familie, dass man sich schon um sie kümmern
wird. Sie wird nie eine eigene Familie gründen.

———◇———

Zu Beginn des selben Jahres feiern die Nationalsozialisten in
Berlin die Machtübernahme. In Speicher etabliert sich somit
die Ortsgruppe der NSDAP mit angeschlossener SA-Truppe.

Spätabends, im Mai 1934, marschieren 20 SA-Uniformierte[5]
vor dem Wohnhaus der Familie Plein-Wagner auf und verlangen die Herausgabe von *Peter Plein*. Er habe den Ortsgruppen-
führer beleidigt und müsse zur Rechenschaft gezogen werden.
Das Ganze erstreckt sich bis in die späte Nacht und endet mit

---

[5] keine Nennung, aus Rücksicht in Speicher bekannter Familien.

einem Gerangel. Der jüngste der Plein-Brüder wird in Schutzhaft genommen, da er den Ortsgruppenleiter geohrfeigt hat. Anlass war, dass in der heimischen Töpferei eine Kleinserie von Nachttöpfen produziert wurde - mit dem Namen des Führers. Ärger vorprogrammiert. In einem Dossier[6] der NSDAP, Ortsgruppe Speicher über Peter Plein ist zu lesen:

> »[...] seine Einstellung ist im übrigen blitzartig beleuchtet durch die Tatsache, dass aus der Firma Plein-Wagner, zu der ja Peter Plein-Wagner gehört, ein Nachttopf fabriziert und in den Verkehr gebracht worden ist, auf dem der Name Adolf Hitlers eingebrannt worden ist. Für den, der ein bisschen Grütze im Kopf hat, dürfte die Symbolik dieser Handlung voll verständlich aber ebenso schmutzig wie gemein erscheinen.« [32]

Es folgt eine Ladung zum 13. November 1934 vor den Untersuchungsausschuss. »Ferner wollen Sie den beanstandeten ›Nachttopf‹ zur Sitzung mitbringen.« Der Vorgang hat wenig Konsequenzen, was wohl daran liegen mag, dass die Familie Plein-Wagner ein wichtiger Arbeitgeber in Speicher ist, hinter dem ein Großteil der Belegschaft steht.

------◇------

Im Alter von 60 Jahren legt *Pater Hugo* sein Amt als Prokurator von Maria Hain nieder. Seine Abdankung begründet

---

[6] Betr.: 956/34 15 v. 24. Juli 1934, an den Führer der R. Standarte 425, Gerolstein/Eifel.

er mit »Amtsmüdigkeit und auch um jüngeren Kräften Platz
zu machen & vielen anderen nicht minderen Gründen.« Die
Versetzung nach England komme ihm sehr gelegen und es sei
auch sein Wunsch. Im Ausland habe er sein Ordensleben begonnen und im Ausland wolle er es beenden. Er hat nicht den
Wunsch, jemals nach Deutschland zurückzukehren. [53]

Seine abrupte Versetzung nach England in das St. Hugh's
Charterhouse erscheint merkwürdig und ist wenig plausibel.
Da werden eher »die anderen, nicht minderen Gründe« den
Ausschlag gegeben haben, über die sich Pater Hugo geflissent-
lich nicht äußert. Eine Erklärung bietet ein Hinweis aus Nancy
Klein-Maguires Buch. [29] p. 74

> »Ein weiterer alter Mönch, Pater Hugo-Maria,
> war Prokurator der ehemaligen deutschen Kartau-
> se Maria Hain in der Nähe von Düsseldorf gewesen
> und hat Verfolgten der Nazis geholfen, worauf er
> ins Exil geschickt wurde.«

St. Hugh's Charterhouse

Im August 1936 übersiedelt Pater Hugo Plein in die Kartause *St. Hugh's Charterhouse*, Parkminster in Südengland. 1939
erklären Großbritannien und andere Länder Deutschland den
Krieg.

Bis heute hat sich unter den Mönchen des St. Hugh's Charterhouse der folgende treffende Ausspruch erhalten:

> »[...] He [Dom Hugo] came here during the war

and it was told as a joke that whereas they said
a prayer for victory at the walk prayers when he
joined they said a prayer for peace.[7][...]« [7]

Mit der Versetzung in das englische Exil muss er sich zunächst in sein neues Umfeld einfinden und von der Kloster-
gemeinschaft akzeptiert werden. Im Alter ist das nicht immer
einfach. Zumindest die Oberen wissen um seine Vita und Herkunft. St. Hugh's ist dafür bekannt, dass sich die Gemeinschaft
aus vielen Nationalitäten zusammensetzt. Es gibt keine Vorbehalte gegen ihn als Deutschen.

Nun ist er nicht mehr Prokurator, besitzt keine Kompe-
tenz, keine spezifische Verantwortung und Aufgaben. Die Arbeit muss er sich selber suchen.

»[...] Hier in England habe ich mir Arbeit gesucht & gefunden & Arbeiten der verschiedensten
Art. Es hat keinen Werktagsabend gegeben an dem
ich nicht müde war & oft genug bis zum Umfallen.
Es ist sonderbar was man alles kann, wenn man
arbeiten will. Man hat mir Körbe gebracht zum
flicken. Ich flickte sie. Und dann machte ich auch
neue. Es waren keine Meisterstücke aber die Körbe
waren brauchbar. Dann brachte man mir zerbro-
chen Töpfe & Schüsseln zu Flicken, das war schon
schwieriger, aber es gelang mir die Scherben zum

---

[7]Er kam während des Krieges hierher, und man erzählte sich zum Spaß,
dass bei den Marschgebeten für den Sieg gebetet wurde, wobei nach
seiner Ankunft ein Gebet für den Frieden gesprochen wurde.

Halten zu bringen & ein Teil des Porzellans ist jetzt im Gasthaus wieder im Gebrauch. - Ehe Euer Onkel in England sich umgesehen hatte, sah er sich an als Korbmächer & Döppen Flicker. Bei Leuten die als Herrsch gelten & das Plattsprechen verachten, haben die Bezeichnungen keinen guten Klang.« [46]

Regeln und Tagesablauf unterscheiden sich kaum von denen in Maria Hain. Parkminster ist um einiges größer, aber die bauliche Anlage ist wie in allen Kartäuserklöstern, so dass er sich schnell zurechtfindet. Stolz beschreibt er seiner Familie in der Heimat die Mächtigkeit seines neuen Domizils, vergleicht es sogar mit dem Salomonischen Tempel und dem Palast von Palmÿra. Auf dem Areal von acht Hektar befindet sich eine Häuserkolonie sowie die Farmen. An Bauten, »eine Kirche länger & höher wie die Speicherer mit 60 m hoh. Turm ganz aus Stein, 4 grosse Kapellen 1 reichhaltige & kostbare Reliquienkapelle 20 kleine Kapellen, in den 35 Patres-Eremitagen je ein Oratorium & ebensoviele in den Brüder - Einzel - Zellen. « Für ihn von großer Bedeutung »die grösste & wertvollste Bibliothek des Ordens.« [44]

Es ist beeindruckend, wie er sich in der neuen Einsamkeit seiner Mönchszelle umgehend an die Arbeit macht und sein angesammeltes Wissen niederschreibt, als wolle es aus ihm herausplatzen. Vor Ort verfügt er nun über eine großartige Bibliothek, um sein Wissen mit sorgfältiger Recherche zu validieren und zu ergänzen. Rechtzeitig zum 800-jährigen Jubiläum von Himmerod bringt er seinen Jubiläumsbeitrag zu Papier und richtet diesen an seinen alten Weggefährten und Intimus aus bosnischer und Himmeroder Zeit – Vitus Recke, der nun Abt von Himmerod ist. Im zweiten Teil des Manuskripts erzählt er, wie die Wiederbegründung Himmerods abgelaufen ist. Dieser zweite Teil ist Bestandteil des vorliegenden Buchs. (Siehe Kapitel 3, p. 81)

Im Folgejahr bewältigt Pater Hugo zwei weitere Schriften: die bereits genannten *Scherben-Geschichte* (p. 138) und die umfangreiche *Hauschronik der Familie Plein-Wagner, Heimat und Himmerod.* [58]

Kartäusern ist es verboten, Schriften unter eigenem Namen zu veröffentlichen. Es stellt sich die Frage, wie überhaupt manche Arbeiten von Pater Hugo ihren Weg über die Klostermauern in das Familienarchiv gefunden haben und auch, wie viele in den Klöstern verblieben sind. Die Familienchronik galt lange Zeit als verschollen, wurde aber vor einigen Jahren bei einem verstorbenen Familienmitglied wiedergefunden, der sie versteckt hatte.

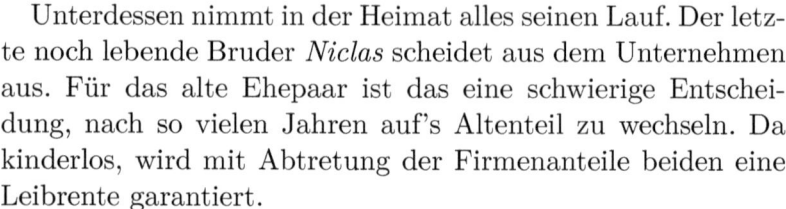

Unterdessen nimmt in der Heimat alles seinen Lauf. Der letzte noch lebende Bruder *Niclas* scheidet aus dem Unternehmen aus. Für das alte Ehepaar ist das eine schwierige Entscheidung, nach so vielen Jahren auf's Altenteil zu wechseln. Da kinderlos, wird mit Abtretung der Firmenanteile beiden eine Leibrente garantiert.

»Ich finde es sehr nett, wenn die Tante Anna sich Kopfzerbrechen darüber macht wie man 2 durch 3

teilt, das ist doch ein Zeichen grosser Gewissenhaf-
tigkeit & dabei ist sie doch die Tante der großen
Barmherzigkeit. Wenn ich mich Dir gegenüber keiner Discretion schuldig machen würde, dann schrie-
be ich ihr sie solle von 2 Eiern Rührei machen in 3
Happen teilen & und jeder sich danach [...] einen
verabfolgen, nichts einfacher als das.« [54]

Insbesondere die Erbausschlagung der Linie *Plein–Hütting*
sorgt für Klarheit der Eigentumsverhältnisse in Speicher. Die
drei Söhne von *Adam Plein–Franzen* werden 1937 zu gleichen
Teilen die neuen Gesellschafter der OHG. [30]
   Nachdem die Familie Plein–Hütting ihr Haus aufgegeben
hat, nimmt es Neffe *Jakob* in sein Eigentum. Er hat kürzlich
im Fach Chemie promoviert und eine gute Anstellung in Berlin
aufgegeben, um in die Firma in Speicher einzutreten. Pater
Hugo reklamiert für sich, ihn dazu gewonnen zu haben und ist
sichtlich erfreut, dass sein Neffe heiraten und sein ehemaliges
Haus beziehen wird. *Lisbeth* muss ihr Elternhaus räumen und
in einem der anderen Wohnhäuser Unterkunft finden. Pater
Hugo kommentiert das alles von der Seitenlinie und versucht,
Einfluss zu nehmen. Seiner Nichte Lisbeth schreibt er einen
Brief, in dem er sich »einige Mühe gebe, damit so alles in's
rechte Gleis komme & darin bleibe.« [54]
   Bester Laune freut Pater Hugo sich über die anstehende
Verlobung in Speicher. Er empfiehlt, die Verlobungsfeier in die
Fastenzeit zu verlegen, »bei der man der Braut das Liedchen
singt: ›Wir winden Dir den Jungfernkranz von veilchenblauer
Seide‹«. Er kennt die Mutter der Braut: »Kohnen Grittchen

Abbildung 4.3.: Speicher, Dodenburger Straße 177, um das Jahr 1908, heute Merscheider Weg 5

aus der Näägaas' und da muss ich sagen: ›Daat Mädchen ge-
fählt mir.‹«

»Und dann wirst Du in das Haus einziehen, das
ich gebaut habe. Als ich es baute, ereignete sich
folgendes: Der Onkel Mattes fand sich einen Tages
auf der Baustelle ein & redete mich an: ›så eers, Jakob maach de Dieren wëit genog, datt se matt der
Lood' goot Duurich kommen, wann se dëich eraus
dringg!‹ Der Onkel Mattes konnte ebenso urwüch-
sig in seinen Ausdrücken sein wie Brd. Nicla. Beide
sind ausgesprochene Brucher & das, was man an
ihnen findet wie der Franzose sagt ›esprit‹, haben
sie durch die *Remy* erhalten, die aus Nordfrank-
reich, Belgien, Heinbach-Meckenheim nach Bruch
kamen. – das dictum von Onkel Mattes wird nun
wohl keine Anwendung auf mich finden, viel eher
auf Dich & so ist es ja in Ordnung es Dir zu ver-
machen.« [55]

Die Firmennachfolge ist geregelt und der Zusammenhalt in
der Familie gewahrt, »obschon es an delicaten Regelungen
nicht gefehlt hatte, wie die Auseinandersetzung mit Lisbeth
& wohl noch andere.« Um mit seinen Worten zu sprechen:
»In Speicher war glatte Bahn.« Erwähnt werden soll, dass
in den 1930er-Jahren die Produktionskapazitäten im Unternehmen um ein Vielfaches gesteigert werden. Der Absatz der
Neuentwicklung *PLEWA Vierkantrohr* steigt gewaltig mit der
Anzahl der erteilten Zulassungen in den Regierungsbezirken.

Während des Zweiten Weltkrieges werden keine Briefe zwischen England und Speicher ausgetauscht. Im ersten Brief, der nach Kriegsende seinen Weg nach Speicher findet, zieht Pater Hugo bittere Bilanz:

> »Wo sind wir angelangt & wie sieht die Bescherung aus? Der Hitler-Krieg ist aus. Ich habe nicht im geringsten gebetet für seinen Sieg für diesen incarnierten Dämon & Erzfeind des Christentums, im Gegenteil. [...] Das Hakenkreuz ist eine Erfindung Satans & was vom höllischen Geiste ausgeht ist giftiger Pesthauch. [...]
>
> Von den politischen Feinden Deutschlands konnte man gewiss nicht erwarten, dass sie es anders als materiell vernichten wollten & wie! – Und doch haben sie nolens volens das deutsche Volk von seinem größtem Feind dem Vernichter der christlichen Moral & des christl. Glaubens befreit. Das ist die Bilanz des Hitler-Krieges.« [48]

Pater Hugo Plein ist nun 72 Jahre alt und lebt seit 12 Jahren in der Kartause St. Hugh's. Schon seit Jahren verlangt der dortige Prior die Befreiung vom Amt. Pater Hugo hat berechtigte Hoffnung, das Amt übernehmen zu dürfen. Als der Prior schwer erkrankt, setzt die Kanonische Visitation aber einen anderen auf den Posten, *Dom Benedictus Wallis.* »Gleichzeitig wurden alle anderen Ämter anders besetzt, wobei auch ich einmal wieder übrig wurde, wie oft genug in meinem Leben von Kindheit.«

Es steht zur Debatte, dass er nach Südfrankreich versetzt
werden soll auf Wunsch des dortigen Pater Priors, was aber
nicht zustande kommt. »Wander- & reisemüde wie ich bin,
habe ich den Wunsch auf St. Hugh's Friedhof meine Grabstätte
zu finden, aber wer weiß.«

> »Die Zeit [...] orientiert sich nur am Schlagen
> der riesigen Kirchenglocke. Ihr tiefer, steter Klang
> strukturiert Tage und Nächte der Mönche. [...] Für
> den Kartäuser gibt es keine Zukunft und keine Ver-
> gangenheit - nur eine ständige Abfolge von jetzt:
> Augenblick um Augenblick, Atemzug um Atemzug,
> wie der Herzschlag.« [29]

Diese schöne Metapher über das Leben der Kartäusermön-
che passt so gar nicht zu Pater Hugo Plein. Sein Tagesrhyth-
mus orientiert sich sicherlich an den Regeln der Kartäuser.
Aber dass er nur im Jetzt lebt, kann keineswegs bestätigt werden. Er plant und arbeitet zielorientiert. Die Vergangenheit,
die Geschichte seiner Heimat, Familie und vor allem Himmerods ist seine Leidenschaft. Er nimmt aktiv teil am Leben seiner Familie und ehemaligen Firma, gibt Ratschläge, verfolgt
interessiert und kommentiert das Weltgeschehen. Er plant und
realisiert Projekte über einen langen Zeitraum, reproduziert
nicht wie manche seiner Mitbrüder Gebetsbücher in Schön-
schrift, sondern füllt umfangreiche Schriften mit eigenem In-
halt. In seinem Garten pflanzt und pflegt er Weinreben und
Tabakpflanzen. Wein und Tabak konsumiert er selbst, obwohl
es nicht erlaubt ist. Er modelliert Figuren aus Stein, Ton und

Gips für seinen Garten, wie auch für Aufträge außerhalb der
Klostermauer. Das staubt, macht Lärm und Schmutz. Pater
Hugos Mönchszelle stelle man sich eher kreativ vor, chaotisch,
mit einem von Büchern und Schriften überladenen Schreib-
tisch, einer Werkstatt mit griffbereitem Werkzeug und den
Nebenprodukten seiner Arbeit, die den Boden verschmutzen.

Das Modellieren in Ton, Gips oder Zement fällt Pater Hugo leicht und bereitet ihm Freude. So nimmt er ein Projekt
an, das ihn zwei Jahre beschäftigen wird und fast überfor-
dert: Reverend Father Parish Priest von West Grinstead, einem Marien-Wallfahrtsort in der Nähe des Klosters, hat in Öl
auf Leinwand gemalte Keuzwegstationen erworben. Die Holz-
rahmen passen nicht so recht zum Stil seiner Kirche und sollen
durch angepasste Rahmen in Steinoptik ersetzt werden. Pater
Hugo soll diese anfertigen. Gewünscht ist die Ausführung in
Keene's Cement.[8] Pater Hugo empfiehlt zur Anwendung einen
gießfähigen »Compositwerkstoff« mit Drahtgittereinlage, um
eine ausreichend hohe Festigkeit zu erreichen. Die erste frei-
händische Entwurfsskizze wird vom Pfarrer unmittelbar an das
Ordinariat in London weitergeleitet und »schon nach einigen
Tagen kam es zurück, genehmigt in Composition, to begin as
soon as convenient. Aber meine lieben Hochwürdigen Herren,
›So schnell schiessen die Preussen denn doch nicht.‹«

Die profilierten Rahmen haben ein Maß von 60 Zentimeter
Breite und 80 Zentimeter Höhe und somit einiges an Gewicht.
Eine tragfähige Aufhängung muss konstruiert werden. »Es ist
schon ein Problem – Warum, bleibt abzuwarten.« [39]

---

[8] Das ist Alaungips, um einen Marmoreffekt zu imitieren.

Abbildung 4.4.: Eine der Kreuzwegstationen, Grinstead

Der Auftrag kann zu vollster Zufriedenheit verwirklicht werden, wie das Foto auf Seite 155 zeigt. Eine aktuelle Nachfrage in England bestätigt, dass die Kreuzwegstationen mit den von Pater Hugo gefertigten Rahmen heute noch dort hängen.

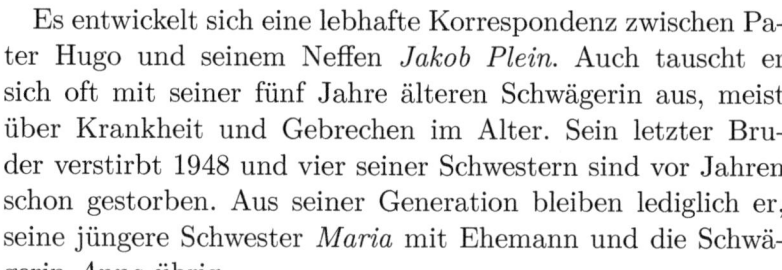

Es entwickelt sich eine lebhafte Korrespondenz zwischen Pater Hugo und seinem Neffen *Jakob Plein*. Auch tauscht er sich oft mit seiner fünf Jahre älteren Schwägerin aus, meist über Krankheit und Gebrechen im Alter. Sein letzter Bruder verstirbt 1948 und vier seiner Schwestern sind vor Jahren schon gestorben. Aus seiner Generation bleiben lediglich er, seine jüngere Schwester *Maria* mit Ehemann und die Schwägerin *Anna* übrig.

Neffe *Jakob* teilt mit Pater Hugo das Interesse zur Heimat- und Scherbenkunde und versorgt ihn mit Fachartikeln und Literatur. Jakob ist sein Lieblingsneffe, sie sind auf einer Wellenlänge. Die beiden ähneln sich auch äußerlich mit ihren fast farblosen, blauen Augen.

Entwicklung und Vorhaben der Firma sind ständiges Thema. Er wird um Rat gefragt zu geschäftlichen und buchhalterischen Anliegen. Pater Hugo freut sich, dass es dem Unternehmen trotz schwacher wirtschaftlicher Lage gut geht. Es solle sozial wirken und er gibt zu bedenken, dass der Erfolg auch von der Vielzahl im Krieg zerstörter Bauten herrührt. Daher gilt es, »demütig« zu sein.

»Ist die Not meiner Mitmenschen, die so schweren Verlust erlitten haben die Ursache meines wirtschaftlichen Aufstieges, so folgt daraus eine schwere moralische Verpflichtung zur Gegenleistung an die Notleidenden.« [45]

Er scheint hier die Rolle einer moralischen, sozialen Richtschnur einzunehmen, der die Neffen aber auch folgen. Die Familie hat sich in ihren Bedürfnissen sehr bescheiden zu geben. Ein »natürlicher Humanismus« sei notwendig.

Er leitet eine daraus resultierende soziale Verpflichtung gegenüber der Belegschaft ab und hat bereits eine konkrete Vorstellung. Sein Vorschlag: den Beschäftigten Land und Baumaterial zur Verfügung zu stellen, damit diese ihr Haus bauen können. Die Fläche für zu vergebende Baugrundstücke verortet er bereits in einem Plan, rechts der Weinstraße, dort, wo heute das Speicherer Katastrophenzentrum steht. In der Tat folgen die Neffen diesem Vorschlag, allerdings später und an einem anderen Ort.

Die letzten Jahre

Ab dem Jahr 1951, im Alter von 75 Jahren, blickt Pater Hugo immer mehr auf sein Leben zurück. In den Briefen erzählt er aus seiner Jugend und Speicherer Zeit, wie auch von Episoden als Trappist in Banja Luka. Er verfasst seine letzte größere Niederschrift mit dem Thema Bilanzbuchhaltung, seinem ursprünglichen Fachgebiet. Obwohl dem Anschein nach ein Sachmanuskript, verflechtet er autobiografische Angaben, sozusagen als seine Lebensbilanz.

Sein nun größter Wunsch wären Besuche der Familie. Er lädt seine Verwandtschaft nach England ein. Als Erstes erhofft er den Besuch seines Neffen *Jakob* mit Frau *Paula*. Er fragt sich, wer sonst noch ein ernstliches Interesse hätte, ihn zu besuchen und wen er in welcher Reihenfolge sehen möchte. Das ist aktuell Hauptthema seiner Briefe. Er recherchiert die besten Reiserouten und Möglichkeiten. Von einer Reise per Auto rät er ab. »Ich wünsche keinen Besuch per Auto von der Heimat aus & durch England. Hier sind die Gefahren durch eine ganz andere Fahr-Ordnung[9] zu groß. Pater Prior ist auch der Meinung.« Er präferiert das Flugzeug, Airport London. Welche seiner Verwandten ihn letztendlich besucht haben, ist nicht bekannt. Gesichert ist der Besuch von Neffe Jakob im August 1952, aber ohne Frau Paula, sie hat Bedenken um ihre Sicherheit. Neffe *Peter* kommt im Jahr darauf. Sicher ist auch der Besuch seiner Großnichte *Hedi Bennert-Arull*,[10] die sich beruflich in England aufhält.

> »[...] Die Natur des Alters ist ja weiter nichts als ein Losschälen vom Irdischen, etwas naturhaft notwendiges & so von Gott gewollt. Die Ergebung in den Willen Gottes, macht dieses Absterben zu einem ihm wohlgefälligen Opfer & wenn ein Opfer, dann nicht ohne Leid & Schmerz, Trübsal, Verlassen sein mit natürlichem Tod. Glaube nicht, dass auch mir irgend etwas von diesem fehle & ich wäre unglücklich, wenn es fehlte. [...]« [49]

---

[9] Linksverkehr
[10] Hedi ist die Enkelin seiner Schwester Lies (Plein-Dorn).

Vitus Recke, der Himmeroder Abt, lädt Pater Hugo für das kommende Jahr (1956) nach Himmerod ein, zur Einweihung der Abteikirche. Der 79-Jährige antwortet: »Die Einladung nehme ich mit herzlichem Dank an, aber ihr Folge leisten ist eine andere aussichtslose Sache.« Seit einer Woche ist er vom Wochendienst »dispendiert«, da er ohne Stütze kaum die drei Stufen des Hochaltars emporsteigen kann. Er klagt über zunehmende Schwäche, ist appetitlos. Seine Augen sind sehr schlecht. Lesen, Schreiben und Zeichnen muss er nun einschränken. [59]

In der Nacht zum 23. November 1957 erleidet Pater Hugo, was er selbst einen Schlaganfall nennt, ohne Lähmungserscheinung. Seitdem kann er nicht mehr die Messe lesen, noch zur Kirche gehen. Er ist fortwährend schwach. Der Abt benachrichtigt die Familie in Speicher, dass er die letzte Ölung erhalten hat.

Seinen allerletzten Brief schreibt er kurz vor Jahreswechsel 1957 und richtet ihn an die Familie in Frankfurt. Es stimmt traurig und nachdenklich, wie er seine fortschreitende Demenz beschreibt:

> »Gestern erhielt ich Eure Weihnachts - Neujahrs-karte. Ich habe mich darüber gefreut & danke herzlich & für Grüsse und Wünsche. Ich wollte die Feiertage nicht vorübergehen lassen, ohne wenigstens an eine Familie geschrieben zu haben & das ist die Frankfurter Familie in Ihrer vornehmen Zurückhaltung. Ich will mich nicht näher ausdrücken & es ist ja auch nicht notwendig, um verstanden zu werden.

Gesundheitlich müsste man sagen, dass es mir
überaus gut geht, denn ich sitze & liege in meiner
Zelle wie in einem Mastkorb überfüttert mit Süs-
sigkeiten etc die mir widerstehen und ich in meiner
Verbannung stehen lassen. Ob das wohl die englische Krankheit genannt werden könnte?

Schlimmer ist es mit meinem geistigen Zustande Geistesschwäche, Geistesabnehmen. Ich bin soweit, dass ich mich nicht mehr verständlich machen
kann, noch die andern verstehe & das führt mich
mit der Zeit zu immer mehr unerträglichen Situa-
tionen, die für mich verhängnisvoll werden können
& ich schliesslich verschwinde, nicht wie ein Jemand, oder Etwas sondern im Nichts für manche
unter denen ich bin. Auch mir hat der liebe Gott
eine unsterbliche Seele anerschaffen & in seinem
kostbaren Blute erlöst.

In te Domine speravi
non confundar in aeternum[11]

Herzliche Grüße & Glückwünsche Euer Fr. Hugo
M. Plein

N.B. Ich bitte um Empfangsbescheinigung dieses
Briefes.« [57]

In den darauffolgenden Jahren verbringt Pater Hugo seine
Tage ausschließlich in der Mönchszelle, isoliert von der Kloster-

---

[11] »Auf Dich, Herr, habe ich gehofft, ich werde nicht zuschanden werden
in Ewigkeit.

gemeinschaft. Novizen, die um das Jahr 1960 und später dem
Orden beitreten, bekommen Pater Hugo nie zu Gesicht. Für
sie wird er zu einer lebenden Legende, der ehemalige Trappist
mit seinen bewegten Lebensstationen. [29]

Pater Hugo ist krank und pflegebedürftig. Er ist ein mürri-
scher und ungeduldiger Patient. Pater Prior Bonaventura berichtet Ende April 1958:

> »Als ihr Onkel, Pater Hugo, nicht mehr sich zu
> schreiben geneigt fühlt, möchte ich Ihnen noch ein-
> mal etwas über seinen Gesundheitszustand berich-
> ten. (ich habe Ihren Brief vom 2. Dezember 1957
> wohl empfangen, und danke Ihnen sehr dafür.) Im
> Dezember, wurde er schwächer und musste die Mes-
> sebeiwohnung einstellen. Seitdem ist er immer in
> seiner Zelle geblieben, meistens im Bett, obwohl er
> seit einigen Wochen jetzt öfters aufsteht. Er kam
> zur Vesper nur zweimal während des Winters. Der
> Puls war etwas besser das letzte Mal der Arzt ihn
> gesehen hat. Es fällt ihm schwer, im Bett zu lie-
> gen, und ich könnte nicht sagen, dass seine Laune
> immer sehr munter ist! [...]« [72]

Zwei Jahre später schreibt der Prior, dass der Arzt ihn zunehmend schwächer sieht, »das Herz nicht so gut als früher,
und ein Zittern in den Händen.« [73]

Am 6. Februar 1962 verabschiedet sich Pater Hugo Maria
Plein von dieser Welt.

Pater Abt Bonaventura schreibt:

»Unser Telegramm hat Ihnen die traurige Nachricht überbracht: Ich sage traurig, denn für diejenigen, die ihre Lieben gehen sehen, ist der Tod immer traurig. Aber es ist sicher, dass wir uns über D. Hugos Abreise in die selige Ewigkeit freuen müssen, denn es war das Ende seines Leidens und der Beginn seiner Glückseligkeit.«

Pater Hugo M. Plein wird nach dem Ritus der Kartäuser auf dem Friedhof des St. Hugh's Charterhouse beigesetzt.

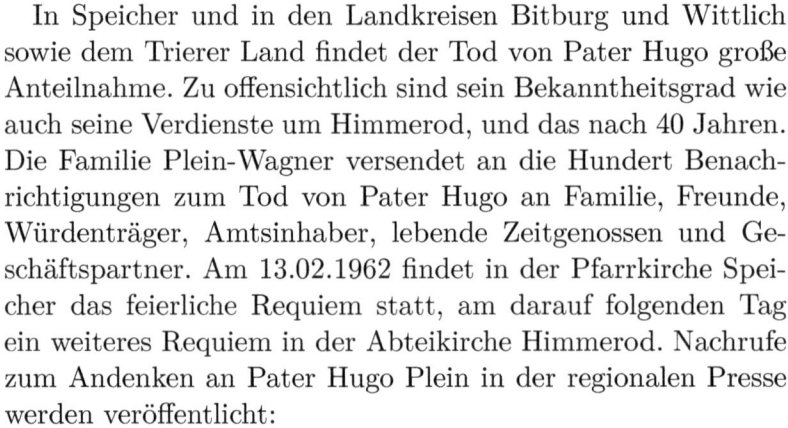

In Speicher und in den Landkreisen Bitburg und Wittlich sowie dem Trierer Land findet der Tod von Pater Hugo große Anteilnahme. Zu offensichtlich sind sein Bekanntheitsgrad wie auch seine Verdienste um Himmerod, und das nach 40 Jahren. Die Familie Plein-Wagner versendet an die Hundert Benachrichtigungen zum Tod von Pater Hugo an Familie, Freunde, Würdenträger, Amtsinhaber, lebende Zeitgenossen und Geschäftspartner. Am 13.02.1962 findet in der Pfarrkirche Speicher das feierliche Requiem statt, am darauf folgenden Tag ein weiteres Requiem in der Abteikirche Himmerod. Nachrufe zum Andenken an Pater Hugo Plein in der regionalen Presse werden veröffentlicht:

»[...] Mit ihm ist gewiß ein ganz seltener Mensch dahingegangen, ein Charakter, wie man ihn nicht alle Tage antrifft, ein treuer Sohn seiner Heimat,

ein Soldat Christi von seltenem Schrot und Korn,
einer, der nie viel Worte machte, aber zupackte,
wenn er die Möglichkeit eines guten, edlen Wir-
kens im Sinne seiner Heimat und seiner Kirche sah,
durch nichts zu erschüttern, immer aufrecht und
geradeaus ging und dem gleichwohl bei aller Tat-
kraft und Kunst der Menschenbehandlung der berühmte Samthandschuh zur Verfügung stand. [...]«
[28]

Zahlreiche Kondolenzkarten und -briefe erreichen Speicher
und viele Kondolenzbesuche über Wochen werden empfangen
und bewirtet. Jeder weiß eine Geschichte über Pater Hugo zu
erzählen. Bis in die heutigen Tage ist sein Andenken wach.
   Die Biografie eines aufregenden, wechselhaften Lebens findet
nun seinen würdigen Abschluss.

Der Töpfer

Ich bin des Töpfers jüngster Sohn,
geformt aus meiner Väter Ton
durch meiner Mutter Hände

Im Sommer grab ich Erde stolz,
zur Winterszeit hau ich das Holz
zu unsers Ofens Brände

Die Erde schlämm und rühr ich dann,
daß man sie schneiden, treten kann,
- die Erde ist gar listig

Die Farbenerze mahl ich fein,
sie sollen Festgewänder sein
für Schalen, Topf und Krüge,

Und wenn die Scheibe munter rollt,
dann heißt es Töpferkunst gezollt
mit Fingern, Händ und Augen

So zwinge ich zum guten End
die Formen auf dem Element,
bin selbst ein kleiner Schöpfer!-

Kommt dann der Brand aus Ofens Glut,
so glänzt auf jedem Tisch er gut
bei Armen und bei Reichen.

So übe ich in alter Treu'
der Väter Handkunst immer neu
bis an mein selig Ende

Und wenn der Tod einst vor mir steht,
mein Leben dann in Scherben geht,
so will ich freudig scheiden.

Dann lass ich Ton und Erz und Brand
und geh in meiner Ahnen Land
zu meinem großen Meister,

Demütig tret ich vor den Thron
und sag: Ich bin des Töpfers Sohn,
Herr lass mich bei Dir bleiben

Walter Grosch

A. Nachwort und Dank

Kurz vor seinem Ableben im Jahr 1962 äußert Pater Plein den Wunsch, kaum Informationen über sich nach außen zu geben. Ich habe lange mit mir gekämpft, das Versprechen meiner Familie zu brechen. Dennoch entscheide ich mich nach innerem Gespräch mit meinem Urahn und meinem eigenen Gewissen, mit allen zur Verfügung stehenden Informationen aus dem Familienarchiv und dessen Erzählungen Pater Pleins Biografie zu schreiben. Ich glaube, es wird ihm gefallen, zu Wort zu kommen.

Seit meiner Kindheit ist mir die verkürzte Biografie Pater Pleins als Erzählung meiner Familie im Gedächtnis. Das erneute posthume Eintauchen in dessen Persönlichkeit ist mir eine spannende Reise und versöhnt mich darüber hinaus mit meiner eigenen Familiengeschichte. Dafür bedanke ich mich bei Pater Plein.

Ich bedanke ich mich vor allem bei meiner geliebten Frau, Snjezana, die geduldig meine introvertierten Schreibphasen ertragen und mich stets unterstützt hat. Herrn Prof. Reinhold Bohlen danke ich für seine Idee zu dieser Biografie und seiner Motivation, diese zu schreiben. Bei Frau Prof. Bärbel Kerkhoff-Hader bedanke ich mich für die vielen Jahrzehnte der Verbundenheit mit Speicher und seinen Krugbäckern und dafür, dass sie mein Interesse an diesem Thema wachgehalten hat. Sie ist leider viel zu früh verstorben. Meinem Bruder Peter-Alexander danke ich, dass ich einen Bruder habe. Meinen Tanten und Onkel, Annelie und Burgel mit Franz-Philipp danke ich für ihr gutes Gedächtnis und ihre bereitwillige Auskunft. Zu guter Letzt bedanke ich mich bei Frau Sabine Eller für ihre professionelle Transkription der Familienchronik und das ebenso professionelle Lektorat.

Michael J. Plein, Mai 2024

B. Übersetzung aus dem Speicherer Platt

Seite 1: Mit *Siebgermacherei und Stecherei* ist wohl der Vorgang der Tonaufbereitung gemeint. Sieben und Abstechen des Rohstoffs.

Seite 30: Speicher, Speicher hoher Turm, viel Leut und wenig Korn, viel Krüg(e) und wenig Wein, der Teufel will zu Speicher sein.

Seite 40: »Hier ist der Pinsel, probier selbst.« Er nahm Krug und Pinsel strengte sich mächtig an. Erfolg: eine grosse Schmiere. [...] Ich [Jakob] habe auch gebläädet, kam aber nicht damit über den Stümper hinaus. »Ziegelbäcker Jacob kriegt's nicht hin.«

Seite 88: *Herrsch* = Hochdeutsch

Seite 91: »Herr Ziels, ist es nicht schade, dass das Kloster so liegen bleibt und nicht mehr aufgebaut wird.« »Ja«, sagte er, »das stimmt. Gibt es denn gar keine Anzeichen dafür? Bis jetzt hat man noch nichts gehört. Man sagt aber, wenn die Birken aus den Mauern anfangen zu wachsen, dann hat der, der es aufbaut schon längst in der Wiege gelegen.« »So?« sagte ich, »so sagen sie.« [...]

Seite 91: »Herr Ziels, es wachsen nun so viele Birken auf den

Mauern, man soll sagen es wäre Zeit, dass es aufgebaut wird.« »Ja«, antwortete Hannes, »das glaube ich auch. Vor kurzem waren Patres hier, sie waren wohl aus dem Westerwald die wollten kaufen, aber es ist ihnen zu teuer. Der Graf fordert noch zu viel Geld.« »Oh, wie schade«, sagte ich.

Seite 92: »Annchen, es kommt noch ein weiterer Gast. - Wer denn? Der Graf von Kesselstatt - Ein Graf? Ja, ein Graf! - Oh Leute, was soll ich nun machen?«, sagte sie in der Verlegenheit, »Ja was sollste machen? Du stellst einen Stuhl und eine Tasse mehr hin, machst einen guten Kaffee mit Schlagsahne und Torte und was du hast.«

Seite 94: »Herr Ziels, Sie kennen mich bestimmt nicht mehr?« - Er schaute mich verdutzt an. Ein Pater, und der spricht platt. »Nein, sagte er, ich weiß nicht, wer Sie sind; Sie müssen aber aus der Gegend sein, ich höre es an der Sprache, aus der Gegend um Speicher.« »Stimmt«, sagte ich und »Wissen Sie nicht mehr, wie wir vor 15 - 20 Jahren mit den Rädern gekommen sind und Sie uns von den Birken erzählt haben. Die sind doch mittlerweile hoch genug, es kommen wieder Patres.« »Oh Leute, ist das möglich?« »Ja, Ja ich bin so gut wie beauftragt es zu kaufen. [...]«, »Ich kann nicht begreifen, dass Sie in ein Kloster gegangen sind.« & kopfschüttelnd ging er in den Keller, um etwas Feuchtes heraufzuholen. Immer schüttelte er noch mit dem Kopf, als er zurück kam & wiederholte: »Nie im Leben hätte ich geglaubt, dass Sie ins Kloster gehen.«

Seite 147: *Korbmächer & Döppen Flicker* = Korbmacher und

Topfflicker

Seite 151: »Sag mal, Jakob, mach die Türen breit genug, damit sie mit der Lade gut durchkommen, wenn sie dich raustragen.«

C. Index

D. Literatur

[1] Ad. Halßig. *Marien-Blüthen - Illustrierte Monatsschrift.* XIX. Jahrgang. Wien: Verlag von Leo Woerl, 1892.

[2] Rudolf Baier. *Archiv Mariastern - Auszug.* 23. März 2023.

[3] Rudolf Baier. *Die Trappistenabtei Mariastern in Banja Luka.* Kunstverlag Josef Fink. Lindenberg im Allgäu, 2022.

[4] Karl E. Becker. *Speicher Raum Und Zeit.* Verbandsgemeinde Speicher, 1981.

[5] Reinhold Bohlen. *Die Wiederbegründung Himmerods Vor 100 Jahren. Begleitschrift Zur Sonderausstellung Im Museum "Alte Mühle"Vom 02.10.- 06.11.2022.* Himmerod, 2022.

[6] Adolf Böttrich Notar. *Gründung oHG.* 16. Aug. 1901.

[7] Simon Brennan. *Pater Simon, Parkminster.* E-mail. 17. Dez. 2010.

[8] Sebastian Brunner. *Ein Cisterzienserbuch.* Würzburg: Verlag von Lea Woerl, 15. Sep. 1881.

[9] Wolfgang Czysz. »Die Römischen Töpferscheiben von Speicher, Eifelkreis Bitburg-Prüm«. Trierer Zeitschrift 82 2019. Hrsg. Rheinisches Landesmuseum Trier, Reichert Verlag, 2019.

[10] Direktor Weber. *Spöhrer'sche Höhere Handelsschule Calw.* Letter. 1909.

[11] Bernd Eggen Dr. und Marina Rupp Dr. »Kinderreichtum – Eine Ausnahme in der neueren Geschichte?« In: Statistisches Monatsheft Baden-Württemberg, 3/2007, Hrsg. Statistisches Landesamt Baden-Württemberg. (2007).

[12] Eifelverein. *Führer Durch Den Luftkurort Speicher Und Umgebung.* Ortsgruppe Speicher des Eifelvereins, 1910.

[13] Nikolaus Friedwanger. *Mariastern Und Seine Trappisten.* Banja Luka, 2009. ISBN: 978-99938-817-1-1.

[14] G.P. Banjaluka.net. *Mostovi u Banjaluci: nekad i sad.* 30. Nov. 2020. URL: https://banjaluka.net/mostovi-u-banjaluci-nekad-i-sad/ (besucht am 24. 12. 2022).

[15] Josef Hainz Dr. *Das Bitburger Land, Landschaft, Geschichte Und Kultur Des Kreises Bitburg.* Bd. I. 1967.

[16] Alwin J. Hammers. *Christlicher Glaube ... Und Praktizierter Unglaube: Erfahrungen Und Anmerkungen Eines Psychotherapeuten.* 1997.

[17] Max Heimbucher. *Die Orden Und Kongregationen Der Katholischen Kirche.* 1. Band. Ferdinand Schöningh, Paderborn, 1896.

[18] A. Hunold und H. Schaaff. »Archäologie von Ungeahntem Ausmaß in Der Südeifel«. In: *Die Eifel 4/2019* (2019).

[19] Jacob Klotz. *Liebe Angehörigen Und Alle - Jacob Klotz, Brief Aus Potsdam.* Letter. 17. Sep. 1914.

[20] Jacob Plein-Wagner Söhne. *Antrag Für Credit.* Letter. 27. Mai 1927.

[21] kathweb.de. *Koinobitentum / Lexikon Religion Und Kirche.* 1. Feb. 2023. URL: https://www.kathweb.de (besucht am 01.02.2023).

[22] Bärbel Kerkhoff-Hader Prof. Dr. *Gruppenverhalten Und Individualleistung, Dokumente Und Selbstzeugnisse Zum Leben Des Krugbäckers JPW.* 1982.

[23] Bärbel Kerkhoff-Hader Prof. Dr. *Lebens- Und Arbeitsformen Der Töpfer in Der Südwesteifel.* Töpferhandwerk. Rhein. Jahrbuch für Volkskunde, Hrsg. H. L. Cox, 1980.

[24] Bärbel Kerkhoff-Hader Prof. Dr. *Lieber Herr Plein.* E-mail. 19. Dez. 2022.

[25] Kloster Himmerod. »Ankauf Himmerods Vor 50 Jahren«. In: *Unsere liebe Frau von Himmerod* September 1969, 2. Heft (39. Jahrgang 1969).

[26] Siegfried Loeschcke Dr. Phil. »Tonindustrie von Speicher Und Umgebung«. Verlag Lintz, Trier, 1922.

[27] Sabine Lück. *Vererbtes Schicksal.* Kailash-Verlag, 2023. ISBN: 978-3-424-63246-0.

[28] M. J. Mehs. »Dem Andenken an Pater Plein«. In: *Trierischer Volksfreund* (Nr. 38 12. Feb. 1962).

[29]   Nancy Klein Maguire und Franchita Mirella Cattani. *In Der Stille Vieler Kleiner Stunden*. Wilhelm Goldmann Verlag. München, 2007.

[30]   Nikolaus Heinrich Niesen. *Satzungsänderung Vertrag oHG*. 1. Jan. 1937.

[31]   Peter Omm. *100 Jahre Plein-Wagner, Geschichte Einer Familie in Hundert Jahren*. Hrsg. PLEWA-Werke GmbH, Speicher/Eifel, 1968.

[32]   Ortsgruppe Speicher. *Dossier Der NSDAP*. 24. Juli 1934.

[33]   Pater Anastasius Plein. *Entwurf Testament*. 30. Apr. 1905.

[34]   Pater Anastasius Plein. *Liebe Mutter Und Alle*. 19. Sep. 1905.

[35]   Pater Anastasius Plein. *Liebe Mutter Und Geschwister*. 9. Juli 1905.

[36]   Pater Anastasius Plein. *Liebe Schwester*. 21. Mai 1905.

[37]   Pater Anastasius Plein. *Liebe Schwester Gilla*. 31. Jan. 1915.

[38]   Pater Anastasius Plein. *Meine Liebe Mutter Und Alle*. 10. Juni 1905.

[39]   Pater Hugo Plein. *An Alle*. 14. Feb. 1948.

[40]   Pater Hugo Plein. »Beitrag Zur 800 Jahrfeier Der Abtei Himmerod«. 26. Dez. 1937.

[41]   Pater Hugo Plein. »Bilanzen - Blatt XVII«. 1951.

[42]   Pater Hugo Plein. »Bilanzen - Blatt XXIII«. 1951.

[43] Pater Hugo Plein. *Bilanzschema Für Plein-Wagner.* 1951.

[44] Pater Hugo Plein. *Liebe Angehörigen.* 21. Aug. 1948.

[45] Pater Hugo Plein. *Liebe Angehörigen.* 21. Nov. 1948.

[46] Pater Hugo Plein. *Liebe Neffen.* 19. Juli 1946.

[47] Pater Hugo Plein. *Liebe Nichte Paula.* 29. Nov. 1953.

[48] Pater Hugo Plein. *Liebe Schwägerin Anna.* 12. Mai 1946.

[49] Pater Hugo Plein. *Liebe Schwägerin Anna.* 27. Mai 1953.

[50] Pater Hugo Plein. *Liebe Schwägerin Anna.* 25. Apr. 1956.

[51] Pater Hugo Plein. *Liebe Schwester Cyrilla.* 21. Dez. 1925.

[52] Pater Hugo Plein. *Lieber Bruder Johann Und Alle.* 24. Juli 1927.

[53] Pater Hugo Plein. *Lieber Bruder Nikolaus.* 3. Nov. 1936.

[54] Pater Hugo Plein. *Lieber Neffe Jacob.* 16. Nov. 1938.

[55] Pater Hugo Plein. *Lieber Neffe Jacob.* 13. März 1938.

[56] Pater Hugo Plein. *Lieber Neffe Jacob.* 28. März 1951.

[57] Pater Hugo Plein. *Maria, Neffe Rudolf Und Nichte Angelika.* 28. Dez. 1957.

[58] Pater Hugo Plein. »Plein-Wagner Hauschronik, Beitrag Heimat & Himmerod von Einem Familienmitglied, Parkminster«. 1. Juli 1938.

[59] Pater Hugo Plein. *Postkarte an Jacob Plein.* 21. Nov. 1955.

[60] Pater Hugo Plein. »Scherben - Geschichten, Einzelschrift«. 1938.

[61] Friedrich Pfannenschmidt. *Illustrierte Geschichte Der Trappisten.* Paderborn, 1873.

[62] Hans Rudolf Plein. *Die Betriebswirtschaftliche Entwicklung Der Firma Jacob Plein-Wagner Söhne o.H.G.* 1952.

[63] Michael Plein, Alain Anfossy und Bernd Bienert. »EIFELKERAMIK - Slg. Jacob Plein-Wagner«. 2001.

[64] Michael J. Plein, Peter Alexander Plein Dr. und Angehörige der Familie Plein-Wagner. *Stammbaum Familie Plein-Wagner.* 16. Dez. 2022.

[65] Nikolaus (Vetter Nik) Plein. *Erbfall Johann Plein-Hütting.* Letter. 22. Mai 1933.

[66] Pater Hugo Plein. *Lieber Neffe Jacob Und Angehörige.* 1938.

[67] Jakob Plein-Wagner. »Aufzeichnungen Über Die Thonindustrie in Speicher«. Speicher, 1895.

[68] Jakob Plein-Wagner. *Buchhaltung Plein-Wagner.* 1895.

[69] Jakob Plein-Wagner. »Der Brand Eines Steinzeugofen - Original«. 1902.

[70] Jakob Plein-Wagner. »Die Thonindustrie Oder Töpferei«. 17. Dez. 1893.

[71] Jakob Plein-Wagner. *Notizbuch Jakob Plein-Wagner.* 28. Juni 1842.

[72] Prior_Bonaventura. *Lieber Herr Dr. Plein-Wagner.* Letter. 24. Apr. 1958.

[73] Prior_Bonaventura. *Verehrter Und Lieber Doctor Plein!* Letter. 28. März 1960.

[74] Franz Ruthner. *Eine Reise in Das Trappisten-Kloster Maria Stern Im Vbas-Thale Bei Banjaluka in Bosnien.* Eipeldauer, 1876.

[75] Bernardin Schellenberger. *Gott Suchen – Sich Selbst Finden: Erfahrungen Mit Der Regel Benedikts.* Verlag der Ideen. Volkach, 2016. 432 S.

[76] Josef Schlöder. »2000 Jahre Speicher«. 1968.

[77] A. Schmitz. *Otto von Bismarck: Kulturkampf.* 2020.

[78] Norbert Schmitz und Benedikt Heinemann. *Ortschronik Herforst.* Hrsg: Heimat- und Kulturverein Herforst, Heerbischa Beschkläpa e.V., 2015.

[79] Klaus A. Schneewind. *Persönlichkeit, Lexikon der Psychologie.* 2000. URL: https://www.spektrum.de (besucht am 20.02.2023).

[80] Matthias Wego. *Maria Hain - Die Wechselvolle Geschichte Der Ehemaligen Kartause in Düsseldorf.* Butzer & Bercker Verlag. Kevelaer, 1991. 95 S.

[81] Wikipedia. *Bosnische Annexionskrise.* In: *Wikipedia.* 2022.

[82] Wikipedia. *Cilicium.* In: *Wikipedia.* 2021.

[83] *Kulturkampf.* In: *Wikipedia.* Hrsg. von Wikipedia. 2023.

[84] Wikipedia. *Panslawismus.* In: *Wikipedia.* 2023.

[85] Wikipedia. *Zisterzienser der strengeren Observanz.* In: *Wikipedia.* 2022.